Thieme · Motivation

Die Reihe **BELTZ** Lern-Trainer wird herausgegeben von Wolfgang Endres

BELTZ Lern-Trainer

Alfred Thieme

Motivation

Trainingsprogramm
für
Schülerinnen und Schüler

Beltz Verlag · Weinheim und Basel

Über den Autor:

Alfred Thieme, Jg. 1951, ist Lehrer für Grund- und Hauptschule, Schuljugendberater und Mitarbeiter an einem Lehrstuhl für Didaktik der Mathematik.

Für Rita – meine Motivation!

Die Deutsche Bibliothek – CIP-Einheitsaufnahme

Thieme, Alfred:
Motivation : Trainingsprogramm für Schülerinnen und Schüler
/ Alfred Thieme. – Weinheim ; Basel : Beltz, 1996
   (Beltz-Lern-Trainer)
   ISBN 3-407-38029-1

Lektorat: Ingeborg Strobel

© 1996 Beltz Verlag · Weinheim und Basel
Herstellung und Innenlayout: Ute Jöst, Publikations Service, Birkenau
Satz: Satz- und Reprotechnik GmbH, Hemsbach
Druck: Druckhaus Beltz, Hemsbach
Umschlaggestaltung: Zembsch' Werkstatt, München
Umschlagzeichnung: Michael Ryba, Lenzkirch
Zeichnungen: Gerhard Viehbacher, Großberg/Pentling
Grafische Elemente nach Entwürfen von Markus Olivieri
Printed in Germany

ISBN 3-407-38029-1

Inhaltsverzeichnis

Das A-Feld

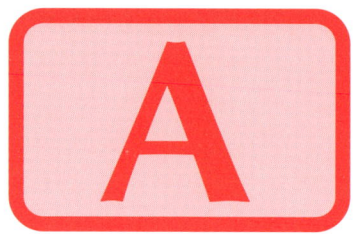

Anhalten

Immer, wenn du an ein solches Feld kommst, ist es Zeit, anzuhalten und über das Gelesene oder Geübte kurz nachzudenken.

Auswählen

Im Buch findest du eine große Auswahl an Merksätzen, flotten oder dummen Sprüchen. Such dir einen aus, der dir jetzt im Moment am besten paßt.

Aufhören

Dann hast du auch genug geschafft. Du weißt ja, wer allzugroße Schritte macht, läuft auch Gefahr, daß ihm schnell die Puste ausgeht.

Aufkleben

Zu guter Letzt klebst du den ausgesuchten Aufkleber in dieses Feld – als Belohnung sozusagen. Mit der Zeit entsteht auf diese Weise dein ganz persönlicher Lern-Trainer.

Einleitung

Zuerst einmal eine Seite für die Eltern!
(und alle anderen potentiellen Käufer eines Motivationstrainers für Schülerinnen und Schüler)

Herzlichen Glückwunsch, lieber Vater, liebe Mutter!

- Sie haben das Gefühl, ihrem Sohn oder ihrer Tochter mangelt es an der notwendigen Motivation, um in der Schule die Leistungen zu erbringen, die eigentlich möglich wären?

- Sie suchen ein Buch, mit dem diesem Mißstand abgeholfen werden kann?

- Sie sind besten Willens, das Beste für ihr Kind zu tun?

- Sie glauben und hoffen, damit ihrem Kind helfen zu können?

- Sie wissen, daß ein Buch allein nicht die Welt verändern kann?

- Sie sind bereit, ihrem Kind Zeit zu lassen und es nicht zu drängen?

- Sie sind motiviert?

Gut!

Dann ist es sicherlich richtig, dieses Buch zu kaufen. Allerdings habe ich eine kleine Bitte: *Geben Sie ihrem Kind wirklich eine Chance!*

Einleitung

Trauen Sie ihrem Kind zu, daß es sich allein mit den Inhalten dieses Buches auseinandersetzt und zeigen Sie ihm das auch ehrlich. Es handelt sich nämlich um einen Lerntrainer für Schüler und Schülerinnen. Doch erfahrungsgemäß sind gerade Schülerinnen und Schüler, denen es an Motivation fehlt, nahezu allergisch gegen aufgedrängte Hilfe, selbst wenn sie noch so gut gemeint ist.

Ich möchte versuchen, mit dem vorliegenden Buch ihrem Kind Wege aufzuzeigen, zu jener Ausgangslage zurückzufinden, die allen Kindern gleichermaßen eigen ist: Die Lust, etwas Neues zu erfahren, also zurück zur Neugierde, die die Antriebsfeder für alles Lernen ist.

Gestatten Sie mir, an dieser Stelle Pestalozzi zu zitieren:

»Alles Lernen ist keinen Heller wert, wenn Mut und Freude daran verloren gehen!«

In diesem Sinne wünsche ich ihnen viel Erfolg:

- Wenn sie selbst ein wenig Motivationstraining betreiben.
- Im Erkennen der Erfolge ihres Kindes – denn die sind wahrscheinlich häufiger gegeben, als wir selbst glauben.

Ihr Alfred Thieme

Lieber Schüler, liebe Schülerin,

»Motivation« – so heißt der Titel des Buches, das du jetzt gerade in der Hand hältst. Ich weiß natürlich nicht, warum du dir dieses Buch angeschafft hast – oder haben es dir deine Eltern geschenkt und erwarten nun von dir, daß du damit möglichst umgehend zum Superschüler bzw. zur Superschülerin wirst?

Oh, entschuldige bitte, du weißt ja noch gar nicht, mit wem du es zu tun hast: Ich bin Motzi, das ist die Abkürzung und natürlich auch der Spitzname von Motivation. Er paßt aber auch deshalb recht gut zu mir, weil ich nicht immer mit allem, was man mir so erzählt und allem, was so abgeht, einverstanden bin. Ich rühr' mich dann immer, und nicht nur einmal hat man doch glatt behauptet, ich würde ganz schön »rummotzen«. Ich möchte versuchen, für dich in der nächsten Zeit ein angenehmer und vielleicht sogar liebenswerter Partner und Begleiter zu sein. Du siehst mich hier erst einmal, wie ich so normalerweise bin.

So normal wie möglich, relaxed und locker.

Wenn du nun Lust hast, mit mir zusammenzuarbeiten, dann lade ich dich ganz herzlich ein zu einer vergnüglichen Reise, bei der du nicht nur etwas über Motivation hören bzw. lesen wirst, sondern auch eine ganze Reihe von Tips bekommst, die dir die Arbeit für die Schule und während des Unterrichts erleichtern können.

Also viel Spaß und natürlich auch viel Erfolg beim Lesen und beim Arbeiten!

Stufe 1 **Mal sehen!?**

»Mich kotzt die Schule furchtbar an!«

»Ich hab einfach keinen Bock!«

»Das bringt's doch alles nicht!«

Sind das Aussprüche, die dir recht bekannt vorkommen – hast du sie vielleicht selbst schon gesagt? Also ehrlich – mir ist das früher schon manchmal so gegangen, da »konntest du wirklich alles nur noch vergessen«. Ich kann also gut verstehen, wenn du zwischendurch in Situationen kommst, in denen du die Schule, das Lernen, die Lehrer und auch so manch andere Dinge am liebsten in die Wüste schicken würdest.

Motivation – das ist ein Fremdwort, das heutzutage viele Menschen gebrauchen, ohne dabei wirklich zu wissen, was es eigentlich bedeutet. Das sieht bei dir natürlich ganz anders aus – oder etwa doch nicht? Geht es dir so, wie übrigens auch mir anfangs, daß du dir ganz sicher bist; wenn du aber eine Erklärung versuchst, dann klappt das einfach doch nicht so recht? Ich möchte dir hier mal verschiedene Möglichkeiten anbieten, was dieses Wort bedeuten könnte. Kreuze doch einfach an, was du für richtig hältst:

❏ Lust   ❏ Freude

❏ Interesse   ❏ Bewegung

❏ Antrieb   ❏ . . . .

❏ . . . .   ❏ . . . .

Na, ist dir vielleicht etwas eingefallen, was ich noch gar nicht angeboten habe? Das ist hervorragend, denn ich glaube, daß du sowieso schon alle anderen Vorschläge angekreuzt hast – und damit hast du auch gleich den ersten Volltreffer gelandet. All das, was da steht, kann als Erklärung für das Wort Motivation durchgehen.

10

So kann ich also *Lust* haben, etwas zu erfahren oder einfach *Lust* haben, irgend etwas zu tun. Und weil ich *Freude* daran habe, *interessiert* es mich auch; da setze ich mich gerne in *Bewegung* und *treibe* mich zu guten Leistungen in dieser Tätigkeit *an*.

Als ich eine klar verständliche Erklärung des Begriffes Motivation suchte, da stellte ich fest, daß in den meisten Lexika dieses Wort überhaupt kein eigenes Stichwort ist! Meist ist es unter dem Begriff Motiv zu finden und dann wird nicht einmal richtig erklärt, was es nun wirklich bedeutet! Natürlich kannst auch du dir sicher vorstellen, daß ein Motiv irgend etwas mit der Motivation zu tun haben muß, aber wo, bitte schön, liegt denn dann der Unterschied?

Vielleicht hast ja auch du ein Lexikon zu Hause und es wäre richtig toll, wenn du da jetzt mal nachschauen würdest, was du dort findest.

Ich mache inzwischen eine kurze Pause und suche nach einer kleinen Abwechslung, die mir helfen soll, nachher wieder mit neuem Schwung an die Arbeit zu gehen. Das solltest du übrigens auch tun, wenn du erfolgreich geblättert hast, denn du willst doch sicher nachher noch mit Freude wieder weitermachen?

Suchpause!

Wenn du nun wirklich so wie ich aufgestanden und zum Bücherregal gegangen bist, dann dort tatsächlich im Lexikon nachgesehen hast, dann hast du – fast ohne es zu merken – im wahrsten Sinne des Wortes den ersten Schritt in Richtung einer Motivationssteigerung getan. Was, das glaubst du nicht? Aber hallo! Du hast doch soeben einem Lernstoff und natürlich auch dir selbst eine Chance gegeben: Dem Wort Motivation die Chance, sich richtig darzustellen und dir selbst, etwas Neues (von dem du dir gar nicht so sicher warst, daß es wirklich etwas Neues ist) zu erfahren.

Stufe 1 **Mal sehen!?**

Hoffentlich glaubst du jetzt nicht, daß ich dich mit irgendwelchen Psychotricks überlisten möchte. Das wäre nämlich nicht im Sinne des Erfinders, selbst wenn die Psychologie schon eine große Rolle beim Lernen spielt. Schließlich möchte ich ja eine Änderung erreichen und das geht eben nur mit Hilfe dieser Wissenschaft. Du darfst dir aber sicher sein, daß ich dich ganz bestimmt nicht austricksen werde! Deshalb will ich dir noch erklären, wie ich mir die Arbeit mit diesem Buch vorgestellt habe:

● Du liest das Buch schön gemütlich und was du gerne an Aufträgen ausführen willst, das tust du dann eben auch. (Du machst dir also keinen Streß daraus!)

● Ich biete dir verschiedene Tips und Tricks an (dazu dann gleich noch mehr), die dir für deine Arbeit hilfreich sein können. Eine Pluspunktliste zeigt dir sofort, wie weit du im Buch bist und was du schon erreicht hast.

● Du versuchst, meine Vorschläge auszuprobieren – gibst mir also eine Chance – und wenn es mal nicht sofort klappt, dann wirfst du das Buch nicht gleich in die Ecke, sondern suchst dir einfach einen anderen Tip oder versuchst es eben noch einmal.

12

Mal sehen!? Stufe 1

- Am Ende eines jeden Kapitels findest du eine oder mehrere Übungsseiten, die sich immer auf das gerade aktuelle Thema beziehen. Diese Aufgaben kannst du jederzeit durchführen; am besten wäre es natürlich, sie immer als Abschluß eines Kapitels zu erledigen. Es kann leicht sein, daß dir diese Aufgaben manchmal etwas kindisch vorkommen. Sie erfüllen jedoch immer den Zweck, dich in deinem Bestreben, zu besserer Motivation zu gelangen, zu unterstützen.
- Du hast ein Buch in der Hand, in das du hineinschreiben kannst (sollst), also tu es, wenn es »verlangt« wird oder kopiere dir die entsprechenden Seiten.

Wie ich vorhin schon angedeutet habe, wirst du zwischendurch immer wieder mal einen Tip von mir bekommen. Diese Tips schreibe ich dir auf einen Tip-Spickzettel und die darfst du sogar ganz offiziell mit in die Schule nehmen!

So sehen sie aus:

Außerdem findest Du am Rand immer wieder mal folgendes Zeichen:

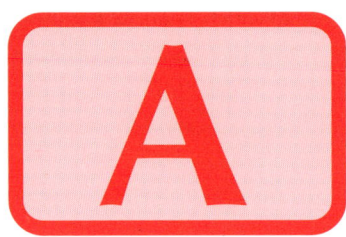

Wie das funktioniert, hast du ja schon auf Seite 6 gelesen.

Nun ist aber genug über die Theorie geredet worden! Denke daran:

● Dieses Buch ist kein Rezeptblock, von dem du dir ein Blatt herunterreißt, in eine Apotheke rennst, und alles ist erledigt! *Eigenleistung* ist nicht nur erwünscht, sondern *notwendig*!

● Voraussichtlich wirst du das Buch nicht wie einen Roman lesen können – ganz im Gegenteil: Wahrscheinlich wirst du sogar einige Kapitel mehrmals bearbeiten und ausprobieren (müssen), damit sich dann am Ende auch der gewünschte Erfolg einstellt.

Also ran an das erste Arbeitskapitel – zuvor jedoch der erste Tip (den ich dir ja schließlich versprochen habe).

14

Tip 1

Kleine Geschenke erhalten die Freundschaft: Ich belohne mich für eine erbrachte Leistung!

Dazu wirst du in einem der folgenden Kapitel nochmals etwas hören; jetzt hoffe ich, du glaubst es einfach schon mal.

Schließlich noch die Pluspunktetabelle, in der du eintragen kannst, wo du schon »points« gemacht hast!

Stufe 1			
Stufe 2			
Stufe 3			
Stufe 4			
Stufe 5			
Stufe 6			
Stufe 7			
Stufe 8			
Stufe 9			
Stufe 10			
Stufe 11			
Stufe 12			
Stufe 13			

Damit du gleich mit dem Ausfüllen beginnen kannst, und weißt, wofür es die Pünktchen gibt: Hinter Stufe 1 kannst du eintragen:

+ Für den Entschluß, mit diesem Buch zu arbeiten;
+ für das Vertrauen darauf, daß ich dir sicher etwas Wertvolles erzählen kann;
+ für das Durcharbeiten von 7 Seiten;
+ wenn du die Übungsseite bearbeitet hast.

Die erste Übungsseite

Diese Seite verlangt gleich ziemlich viel von dir! Erschreckt dich so eine Aussage? – Cool bleiben! Auch hier wird, wie in den meisten anderen Fällen, nichts so heiß gegessen, wie es gekocht wird.

Ich hätte da einige Fragen, die du bitte ganz ehrlich beantwortest (Was dir ja leicht fallen dürfte, weil die Antworten außer dir sowieso niemand liest – aber vielleicht schreibst du sie vorsichtshalber doch lieber auf ein Blatt?)

1. Warum liest du dieses Buch?

   ....
   ....

2. Was regt dich an der Schule am meisten auf?

   ....
   ....

3. Was gefällt dir an der Schule (noch) am meisten?

   ....
   ....

4. Wann hast du dich das letzte Mal so richtig auf die Schule gefreut?

   ....
   ....

5. Worüber hast du dich heute gefreut?

   ....
   ....

Wenn du diese Fragen ehrlich beantwortet hast, bist du schon einen gehörigen Schritt weitergekommen. Warum das so ist, erfährst du in der nächsten Stufe.

Aber bitte nicht mehr heute!

Es genügt fürs Erste und ... vergiß dein Übungsseitenplus nicht!
Bis demnächst also!

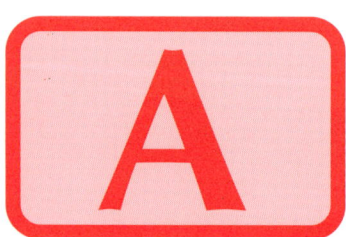

Stufe 2 Huch! Das bin ja ich!

Sag mal ganz ehrlich, weißt du eigentlich, warum du keinen Bock auf Schule und all das, was damit zusammenhängt, hast? Damit wir das Übel bei der Wurzel fassen können, mußt du jetzt erst einmal ein wenig nachdenken. Es kann ja leicht sein, daß du einen ganz bestimmten Grund für deine Abneigung hast, dann ist es wichtig, daß du diesen Grund in deine Arbeit mit mir einbaust. Ich werde dir gleich eine ganze Menge von Gründen nennen, die mir im Laufe meiner »Aufmotzarbeit« begegnet sind. Zuvor sollst du aber »Höhlenforschung« in deinem Innersten betreiben. Lehne dich mal ganz entspannt zurück, und denke – selbst wenn es dir schwerfällt – an die Schule, an Hausaufgaben, an Klassenarbeiten (auch Schulaufgaben genannt), an Vokabeln, an Formeln…

Also gut – ich gebe dir schon mal ein Beispiel, damit du weißt, was ich so meine: »Mich regt die Schule auf, weil ich morgens immer so zeitig aufstehen muß.« Na, ist das ein Grund? (Mich nervt das heute noch!)

Denkpause!

Fällt dir da ein Grund ein, oder kommt das alles mehr oder weniger undeutlich als allgemeines Unwohlsein? Wenn du echte Gründe gefunden hast, dann solltest du dir diese vorsichtshalber aufschreiben, denn die wirst du sicher noch brauchen! Du mußt aber nicht das Gefühl haben, du müßtest nun unbedingt irgendetwas notieren, wir sind doch hier nicht in der Schule!

17

Huch! Das bin ja ich!

Damit du nicht so ganz auf dem Trockenen sitzt, gebe ich dir jetzt noch eine Reihe von Möglichkeiten vor. Das sieht dann wie ein Fragebogen aus und du kannst jeweils entscheiden, wie sehr die einzelnen Aussagen auf dich zutreffen. Verwenden wir noch einmal das vorhin genannte Beispiel:

	stimmt genau (und zwar immer!)	stimmt meistens	stimmt manch-mal	stimmt nie
Mich regt die Schule auf, weil ich morgens immer so zeitig aufstehen muß		X		

Wie du siehst, habe ich mein Kreuzchen in der zweiten Spalte gemacht. Das ist eigentlich ganz logisch. Ich bin nämlich ein »Gernelangschläfer« und deshalb nervt es mich, wenn ich so fast mitten in der Nacht aufstehen muß. Allerdings gibt es einzelne Tage, da freue ich mich schon auf die Schule (zum Beispiel, weil bald Ferien sind, oder weil ich weiß, daß ein Geburtstag gefeiert wird) und deshalb konnte ich nicht bei »immer« mein Kreuz setzen. Das heißt, ich war da ganz ehrlich! Das bist du natürlich auch, denn ansonsten würdest du lediglich dich selbst anlügen, und das bringt doch nichts, oder?

Denke also gut nach, bevor du ankreuzt und laß dich nicht hetzen, du bist doch nicht auf der Flucht! Ich wünsche dir auf jeden Fall viel Spaß dabei, denn ich bin sicher, daß du auch die eine oder andere Bemerkung finden wirst, über die du bestimmt lachen kannst. (Übrigens: Bleistift läßt sich wieder entfernen! Dann kannst du später die Fragen nochmals durchgehen und feststellen, ob sich schon etwas geändert hat.)

Huch! Das bin ja ich! Stufe 2

Ich habe einfach keine Lust,	stimmt genau (und zwar immer!)	stimmt meistens	stimmt manchmal	stimmt nie
weil ich ständig schlechte Noten habe;				
weil die Englischlehrerin ein entsetzliches Parfum benutzt;				
weil ich mich in meiner Klasse nicht wohlfühle;				
weil mich mein Nachbar immer ärgert, wenn ich mal aufpassen will;				
weil ich überhaupt nicht weiß, wofür ich in die Schule gehe;				
weil wir sowieso nur Zeug lernen, das wir später nie brauchen;				
weil die Lehrkräfte so ungerecht sind;				
weil mein Füller so oft kleckst;				
weil mich alles langweilt;				
weil es in der Schule keine ordentliche Brotzeit gibt;				
weil wir in Sport nie das machen, was mir Spaß macht;				
weil wir nur eine Stunde Biologie in der Woche haben;				
weil ich im Schulbus nie hinten sitzen darf;				
weil ich das Gefühl habe, ich schaffe es sowieso nicht;				
weil die Lehrkräfte so schlechte Noten geben;				
weil ich Angst vor der nächsten Schulaufgabe (Klassenarbeit) habe;				
weil es in der Schule immer so scheußlich riecht;				

Ich habe einfach keine Lust,	stimmt genau (und zwar immer!)	stimmt meistens	stimmt manchmal	stimmt nie
weil mich meine Mitschüler und Mitschülerinnen ewig hänseln;				
weil meine Bank/mein Stuhl zu klein ist;				
weil mein Klassenzimmer im dritten Stock ist;				
weil die Lehrkräfte so gemein sind;				
weil meine Lehrkraft so eine feuchte Aussprache hat;				
weil meine Schultasche viel zu schwer ist;				
weil mich meine Eltern ständig nerven und bessere Noten wollen;				
weil ich viel lerne und trotzdem nichts dabei herauskommt;				
weil niemand meine wahren Begabungen sehen will;				
weil in der Schule der schönste Teil des Tages verplempert wird;				
weil ich erst letzthin wieder zu Unrecht einen Anpfiff einstecken mußte;				
weil man in der Schule für gute Arbeit kein Geld bekommt;				
weil ich die Erklärungen (wenn es welche gibt) einfach nicht verstehe;				
weil mich überhaupt alles nervt;				
weil ich den …lehrer, die …lehrerin nicht leiden kann;				
weil nie jemand merkt, wenn ich gut war;				
weil ich nicht nach meinem eigenen Chaossystem arbeiten darf.				

Puh, das war eine ganze Menge!

Hast du auch die Scheinantworten herausgefunden? Hoffentlich hast du wirklich ein bißchen darüber lachen können. Vielleicht fallen dir ja selbst noch ein paar solche lustigen Gründe für Schulunlust ein, dann kannst du sie auf ein Blatt schreiben. Auf jeden Fall solltest du die Gründe notieren, die dir vorhin bei deinen eigenen Überlegungen eingefallen sind, denn die sind ganz besonders wichtig! Außerdem hast du dir jetzt wieder eine kleine Belohnung verdient. Also kommt ein Plus in deine Liste, damit du daran erkennen kannst, wie fleißig du warst. (Ich habe dir ja schon gesagt, da kommt nochmal etwas dazu!)

Vielleicht fragst du dich jetzt, was du mit der Liste von Gründen anfangen kannst. Dazu gibt es eine ganze Menge zu erzählen, und das möchte ich gerne auch tun. Wenn du also noch Lust dazu hast – und das hoffe ich natürlich stark –, dann lies doch noch ein bißchen weiter!

…wenn du aber eine Pause machen willst, dann suche dir einen Aufkleber fürs A-Feld.

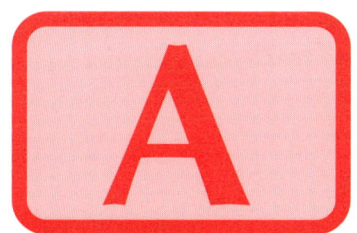

Stufe 2 Huch! Das bin ja ich!

Und? Erwartest du jetzt eine Auswertung wie in einer Zeitschrift? So nach dem Motto: Mit x Punkten bist du gut motiviert, mit y Punkten weniger und mit nur z Punkten mußt du unbedingt zum Psychiater? Da hast du dich aber gewaltig getäuscht! Schließlich habe ich dir doch versprochen, dich nicht auszutricksen, da kann ich dir doch keine Märchen erzählen!

Ich glaube, daß bei dieser großen Auswahl von Argumenten bei verschiedenen Menschen ganz unterschiedliche Ergebnisse auftreten, und das ist ganz wichtig, weil ja kein Mensch wie der andere ist. So ergibt sich also für dich ein ganz eigenes Bild über deine Einstellung zur Schule und darüber, wie du damit umgehst.

Meine einzige Sorge ist, daß du vielleicht bei allen Aussagen ganz vorne (also bei: stimmt genau – und zwar immer!) dein Kreuzchen gemacht hast. In diesem Fall hast du dich entweder selbst belogen, oder warst zu faul, dich genauer mit dem Fragebogen zu befassen. Wenn du aber der festen Überzeugung bist, daß du ehrlich geantwortet hast und dann tatsächlich alle Kreuzchen in der ersten Spalte findest, dann scheint wirklich »Hopfen und Malz verloren zu sein«, was soviel heißt, wie: Ich glaube, ich kann dir nicht unbedingt helfen, auch wenn ich es gerne versuchen möchte. Du siehst, ich erzähle dir nichts von einer Wundermedizin, sondern möchte dir nur ganz einfach helfen.

Ich glaube also, daß deine Kreuzchen sich ziemlich verteilen und quer durch die Tabelle in allen Spalten zu finden sind. Du siehst daraus, daß es verschiedene Gründe gibt, etwas nicht so besonders gerne zu tun. Genauso verhält es sich aber auch mit den Gründen, die den Menschen dazu bewegen, etwas voller Freude anzugehen und durchzuführen. Unsere Arbeit wird es nun sein, herauszufinden, welche Punkte dir Ärger machen und was zu tun ist, um das zu ändern.

An dieser Stelle zum Abschluß noch ein Tip:

Tip 2

Take it easy – but take it !

Und? Gut aufgepaßt? Am Ende des Kapitels sollte doch noch etwas kommen!

Richtig! Die Pluspunkte für

+ das Durcharbeiten der Liste,
+ die Ehrlichkeit,
+ den Willen, etwas zu ändern
+ und natürlich auch noch für die folgende Übungsseite.

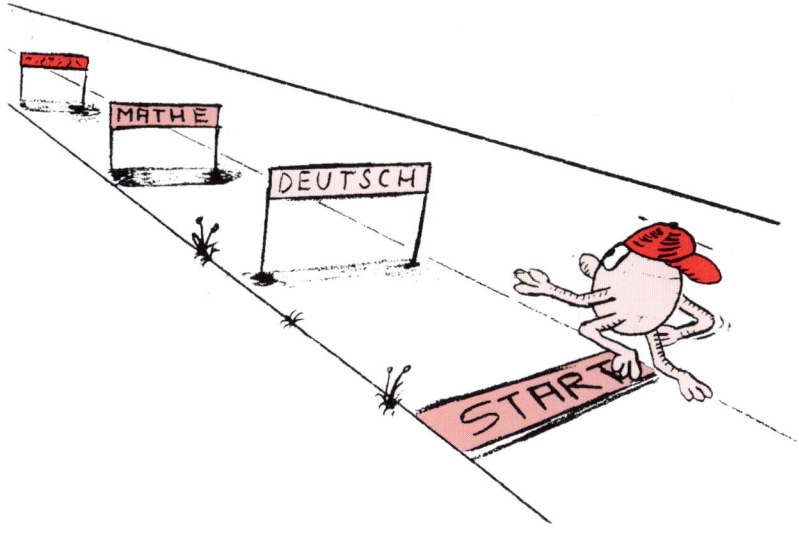

Die Übungsseite

Du hast also die ersten Seiten schon ganz toll gemeistert und bist damit dem Ziel, deine Motivation zu steigern, einen ganz entscheidenden Schritt nähergekommen. Damit du nun nicht nur einen theoretischen Erfolg verbuchen kannst, versuche dich mal mit folgender »Übung«:

Suche aus dem Fragebogen einen Grund heraus, von dem du glaubst, du könntest ihn am leichtesten abstellen. Den notierst du dir auf einem großen Blatt, gestaltest ihn recht nett und hängst ihn an einer Stelle auf, die du täglich recht oft anschaust (anschauen mußt) – also zum Beispiel über deinem Bett, gegenüber deinem Schreibtisch, auf dem Spiegel, an der Klotüre … Jedesmal, wenn du daran vorbeigehst oder daraufschaust, liest du ihn ganz bewußt und dann drehst du ihm eine lange Nase! Das sieht dann wohl ungefähr so aus:

Genug für heute!
Das war's! Und
tschüß!
(Hoffentlich bis
demnächst!)

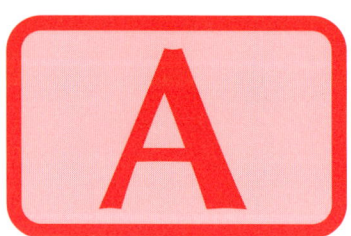

Stufe 3 Das macht Spaß! ...ehrlich?

So, hier bin ich wieder. Nachdem du das Buch in die Hand genommen hast, darf ich wohl davon ausgehen, daß du zumindest an den ersten zwei Kapiteln ein wenig Freude gefunden hast. Das paßt mir gut in den Kram, denn wir wollen heute versuchen, diese Freude sogar noch zu steigern. Vielleicht fallen uns ja ein paar Sachen ein, mit denen wir die anderen ein wenig »ärgern« könnten. Ärgern meine ich hier in einer ganz bestimmten Bedeutung und zwar so, wie es Mark Twain (das ist der, der »Tom Sawyer und Huckleberry Finn« geschrieben hat) einmal toll gesagt hat. Und weil mir sein Spruch so gut gefällt, kommt er hier als nächster Tip:

Tip 3

Handle stets richtig!

Das wird einige Leute zufriedenstellen, den Rest aber in Erstaunen versetzen!

Wir gehen also zunächst mal davon aus, daß es die anderen im Moment gar nichts angeht, was wir hier tun. Du beschäftigst dich ja derzeit mit dir selbst und das hat andere nicht zu interessieren. Wenn du ein Ergebnis erzielt hast, dann ist es noch Zeit genug, es zu zeigen. Das ärgert schon mal den ersten Teil unserer lieben Mitmenschen. Die Eltern haben wir ja auch schon »ausgeschaltet« (Siehe Seite für die Eltern – und wehe, sie halten sich nicht daran!), wir können es uns also so richtig gemütlich machen.

Stufe 3 Das macht Spaß! ... ehrlich?

... so richtig gemütlich machen? Da fällt mir etwas ganz Wichtiges ein! Wo bist du jetzt eigentlich gerade? Bist du in deinem Zimmer? Liegst du auf der Couch oder sitzt du am Küchentisch? Nun, das werde ich wohl nie erfahren, aber ein bißchen Einfluß möchte ich ja nehmen und deshalb habe ich eine Bitte an dich: Wenn du ein eigenes Zimmer hast, dann gehe doch jetzt bitte dorthin. – *Halt!* Nimm mich doch bitte auch mit!

Wenn du kein eigenes Zimmer hast, dann wäre es günstig, wenn du dir ein Plätzchen suchst, an dem du normalerweise deine Hausaufgaben machst – also arbeitest. So, und jetzt machen wir es uns aber wirklich gemütlich. Hast du eigentlich schon einmal darüber nachgedacht, welchen Einfluß der Arbeitsplatz auf die Arbeit haben könnte? (Keine Angst, ich erzähle dir jetzt nicht, daß du deinen Schreibtisch aufräumen sollst – selbst wenn das eine wirklich gute Idee wäre, doch dazu gibt es später noch ein paar Worte!)

Gut, die Antwort auf meine Frage ist relativ schnell und mit ganz wenigen Worten gesagt: Einen sehr großen Einfluß!

Hier möchte ich dir einen Arbeitsplatz zeigen, der bestimmt nicht dazu geeignet ist, demjenigen, der daran arbeitet (oder sollte man lieber sagen: arbeiten muß?), besonders viel Freude an seiner Arbeit zu bereiten.

Wahrscheinlich hast du ja erwartet, einen »Chaosschreibtisch« vorzufinden, auf dem sich so alle möglichen Dinge stapeln. Natürlich wäre auch das dann ein Arbeitsplatz, der nicht gerade besonders positive Auswirkungen hätte, aber ich habe doch schon gesagt, daß wir dazu später noch kommen!

Mich erinnert das Bild mehr an eine Gefängniszelle, als an ein Arbeitszimmer. Geht es dir auch so? Würdest du dich gerne an diesen Schreibtisch einladen lassen, um zu arbeiten? Brrr! Da schüttelt es mich ja richtig, wenn ich mir das nur vorstelle! Wieviel besser haben wir es doch da! Wir können nämlich fast ganz allein bestimmen, wie es an unserem Schreibtisch aussehen soll; »fast« deshalb, weil so einige Faktoren eine Rolle spielen, die wir nicht verändern können: Ich kann einfach dem Zimmer kein neues Fenster verpassen und auch der Tisch selbst ist nur manchmal änderbar. Allerdings kann ich selbst sehr viel tun, um den Ort, an dem ich arbeiten soll oder will, so zu gestalten, daß er mir wirklich gut gefällt.

Daran wollen wir uns heute machen und ich erkläre dir auch gleich, warum: Wie du vorhin selbst feststellen konntest, beeinflußt die äußere Umgebung unser Wollen. Also schaffen wir uns am besten Bedingungen, in denen es uns so angenehm wie möglich ist, zu arbeiten. Ich glaube, da fällt dir jetzt sofort jede Menge ein, wie es dir am besten gefallen könnte und es ist durchaus erlaubt, an dieser Stelle ein wenig zu träumen. Schließe ruhig die Augen und stelle dir deinen »Traumarbeitsplatz« vor!

Träumpause!

Tja, das wär's, oder? Doch zurück zur Wirklichkeit! Was von all dem, was du gerade eben geträumt hast, läßt sich vielleicht doch in die Wirklichkeit umsetzen?

Stufe 3 Das macht Spaß! ...ehrlich?

Einige Beispiele:

● Deine Eltern sind sicherlich begeistert, wenn du mit dem Anliegen kommst, einen richtig guten Bürostuhl vor deinen Schreibtisch zu stellen. Das ist nicht nur bequem, sondern auch noch außerordentlich gesund!

● Hast du vielleicht sogar schon einmal daran gedacht, dir einen Sitzball schenken zu lassen? Du kannst dir wahrscheinlich überhaupt nicht vorstellen, wie toll das Sitzen darauf ist! Da kommt Bewegung ins Sitzen und die Arbeit macht tatsächlich mehr Spaß.

● Gut vorstellen kann ich mir auch, daß du in unmittelbarer Nähe deines Schreibtisches ein oder zwei Poster mit deinen Lieblingsstars aus der Musik- oder Sportszene aufhängst. Wenn du dann das Argument von deinen Eltern hörst, das würde dich nur ablenken, dann entgegne ihnen doch, daß du sie nicht nur zur »wohnlicheren« Gestaltung deines Arbeitsplatzes verwendest, sondern auch als Lernhilfe einsetzt. – Ach so, du weißt gar nicht, wie das gehen soll? Gut, ein kleiner Ausflug in die Lernmethodik kann ja nicht schaden: Sicher ist es dir auch schon passiert, daß du dir Vokabeln, Jahreszahlen oder vielleicht auch mathematische Formeln nicht merken konntest, obwohl du dir redlich Mühe gegeben hast, sie so gut wie möglich zu lernen. Dafür möchte ich dir in Kurzfassung einen Trick vorschlagen: Schreibe sie doch einfach in eine Sprechblase auf einem Plakat, an dem du öfter vorbeikommst. Du wirst sehen, der entsprechende Lernstoff prägt sich wie von selbst ein! (Zu diesem Thema findest du übrigens noch viele weitere schöne Vorschläge in dem Buch von Reinhard Schmitt-Hartmann, einem Freund von mir, der sich mit dem Thema Methodik – also, wie lerne ich sinnvoll und gut? – ganz toll beschäftigt hat!)

● Wie wäre es außerdem mit einer kleinen Pflanze, die ein bißchen Grün in die Umgebung bringt?

Das macht Spaß! … ehrlich? Stufe 3

● Nicht zuletzt wäre es doch sicher angebracht, auch für deinen Glücksbringer einen festen Platz vorzusehen. Dabei ist es natürlich ziemlich egal, ob es sich um einen kleinen Bären oder auch um ein Bild des Freundes oder der Freundin handelt. Es macht bestimmt mehr Spaß, gemeinsam zu arbeiten!

● Zum Schluß habe ich da noch einen Vorschlag, der für dich vielleicht etwas ungewöhnlich klingt: Nachdem der Mensch ja mit allen Sinnen lernt, ist es sicher neben den Augen und den Ohren auch gut möglich, die Nase in diesen Vorgang mit einzubeziehen. Es gibt dafür Schälchen, in die man Wasser einfüllt und dann darunter eine Kerze stellt. Damit sich auf diese Weise nicht nur die Raumluft verbessert (durch die Verdunstung erhöht sich die Luftfeuchtigkeit), sondern auch ein angenehmer Duft im Zimmer liegt, gibst du dann noch ein paar Tropfen ätherisches Öl in das Wasser. Du wirst schnell herausfinden, welcher Duft (es gibt unglaublich viele davon!) dir beim Arbeiten besonders angenehm ist und sicher bald nicht mehr auf dieses »Hilfsmittel« verzichten wollen. Bei mir ist das übrigens der Geschmack von Zitrone. Du solltest aber unbedingt darauf achten, daß es sich um natürliche Aromastoffe handelt, da du sonst schnell Kopfschmerzen bekommen kannst (was ja wirklich nicht förderlich für die Arbeit ist!).

Also in Gedanken haben wir diese Sache jetzt wirklich recht schön durchgespielt, aber wolltest du nicht gleich damit anfangen, etwas zu ändern? Es könnte ja leicht sein, daß du es sonst wieder vergißt und morgen sieht dann wieder alles genauso aus wie heute.

Nein! – oder **JA**?!

Fang bitte gleich damit an! Du hast doch schon die ersten Schritte gemacht. Dieser Schritt tut nicht weh und bringt dir ganz bestimmt ohne besonders großen Aufwand einen spürbaren Erfolg! Das Weiterlesen ist jetzt fast »verboten«, du verschaffst dir einen Überblick,

Das macht Spaß! ...ehrlich?

klebst einen Aufkleber in das A-Feld und setzt ein dickes Plus für die Aufräumarbeit in die Liste. Wir sehen uns dann morgen wieder, wenn du das erste Mal an deinem geänderten Arbeitsplatz etwas geschafft hast.

Kennst Du eigentlich die Abkürzung fF?

Das ist die Abkürzung für »leif negüngreF!« Oioioi!

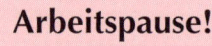

Arbeitspause!

So, wie riecht es bei dir? Ist das die Arbeit, die du schmeckst?

Du wirst es vielleicht nicht glauben, aber das Kapitel ist noch nicht ganz abgeschlossen! Da habe ich dir doch glatt noch ein paar Sätz-chen zu erzählen: Der Mensch gewöhnt sich rasch an vorgegebe-ne Bedingungen. Wenn jetzt in deinem Kopf ein Schalter auf »Hier wird gearbeitet!« kippt, dann bist du – wie es so schön neudeutsch heißt – auf die Arbeit konditioniert.

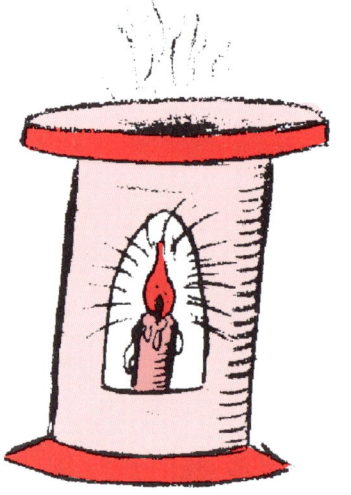

Da geht dir ein Licht auf!

Und überhaupt: Hast du ganz vergessen, daß zu jedem Kapitel mindestens ein Tip und natürlich auch einige Übungen gehören? Natürlich hast du das nicht vergessen und deshalb hier der Tip, den du dir ja sicher selbst schon vorstellen kannst:

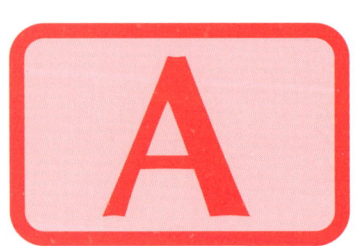

Tip

| *Tip 4* |
| . . . . |
| . . . . |
| . . . . |

Das macht Spaß! ... ehrlich? Stufe 3

Ach, du meinst, da steht gar nichts drin?

Richtig! Wie hast du das bloß so schnell herausgefunden? Ich möchte dich bitten, dir nochmals die Sache von gestern durch den Kopf gehen zu lassen und dann selbst aufzuschreiben, was in den Tipzettel hineingehört. Wenn du allerdings gar nicht weißt, was du notieren sollst, dann schau bitte bei den Lösungen auf Seite 118 nach, dort habe ich einen Vorschlag hingekritzelt.

> **Eine angenehme Lernatmosphäre erhöht die Motivation zum Lernen. Das ist keine besonders moderne Entdeckung, die ich dir hier erzähle, denn schon im 14. Jahrhundert galt in Italien das »Studiolo« als der schönste Raum im Haus und war nur für das Lernen (eben das Studieren) vorgesehen. Dort hatte man die schönste Aussicht nach draußen, es standen die besten Möbel darin und der Raum war mit all jenen schönen Dingen ausgerüstet, die das Studieren so angenehm wie möglich machten.**

Nachdem wir uns nun eine positive Atmosphäre geschaffen haben, man kann hier auch von Arbeitsklima sprechen, können wir uns auf den Weg machen und einen weiteren Schritt versuchen.

Aber halt, da fällt mir noch etwas Wichtiges ein, was aber meist als selbstverständlich betrachtet wird. Gerade, als ich das Wort Arbeitsklima geschrieben habe, kam ich darauf, daß natürlich auch die Temperatur des Raumes, in dem du arbeitest, eine ganz wichtige Rolle spielt. Kannst du dir vorstellen, zitternd vor Kälte einen Aufsatz zu schreiben? Das andere Extrem wäre dann, schwitzend in der Badehose (dem Badeanzug) am Schreibtisch zu sitzen, die Tropfen fallen langsam auf die Englischübersetzung und die Luft ist so stickig, daß man sie schneiden kann. In der Schule gibt es genau aus diesem Grund dann (hoffentlich) hitzefrei und du schaust verständlicherweise, daß du so schnell wie möglich Land gewinnen kannst. Zu Hause ist das auch wieder viel einfacher:

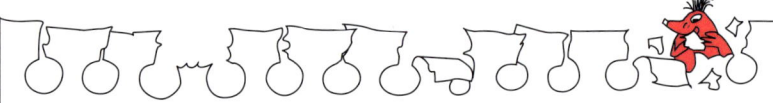

Du öffnest vor der Arbeit zuerst für etwa fünf bis zehn Minuten das Fenster und läßt frische, unverbrauchte Luft in dein Zimmer. Das hilft dir nämlich, klarer zu denken, und außerdem ist es doch auch ein schöner Anfang für die Arbeit: In der Zeit richtest du schon deine Sachen für die erste Hausaufgabe her und kannst dann, wenn das Fenster wieder zu ist, gleich richtig anfangen. Achte dabei bitte darauf, daß die Heizung nicht auf vollen Touren läuft, denn das macht dich nur schläfrig und du sitzt dann unnötig lange an der Arbeit, weil es nicht so richtig läuft.

So – das hätten wir, dann können wir jetzt wirklich weitergehen zu den Pluspunkten

+ für deine Arbeit;
+ wenn du das mit dem Stövchen glaubst;
+ für die Erledigung der gestellten Aufgaben; und dann natürlich noch
+ für die Umsetzung der Übungsseite.

Die Übungsseite

Als du das letzte Mal mit diesem Buch gearbeitet hast, gab es einen Fragebogen, den du ausgefüllt hast. Der ist natürlich nicht nur für den einmaligen Gebrauch vorgesehen, sondern dient dir als Übersicht über die Faktoren (so sagt man zu den Gründen), die wahrscheinlich schuld daran sind, daß du derzeit nicht gerade heftig motiviert bist.

Allerdings habe ich keine besondere Ordnung in die Liste gebracht, sondern nur so aufgeschrieben, was mir der Reihe nach eingefallen ist. Mein heutiger Auftrag lautet deshalb: Versuche, die Gründe folgenden Überpunkten zuzuordnen:

- Die Umgebung ist schuld.
- Die anderen sind schuld.
- Ich bin selbst schúld.
- Da kann keiner was dafür.
- Scheinbegründung.

Blau – grün – rot – gelb – lila? Welche Farben wählst du wofür? Das bleibt natürlich dir überlassen!
Du wirst vermutlich glauben, daß das ganz leicht ist, aber täusche dich nicht! Wenn du nämlich genau hinschaust, wirst du merken, daß einige der Faktoren mit mehreren Farben gleichzeitig gekennzeichnet werden könnten – Du aber mußt entscheiden, welche Farbe *du* ihnen gibst!

Viel Spaß!

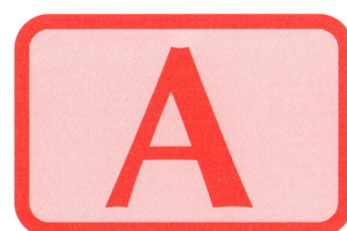

Stufe 4 **Ich doch nicht!**

Hi, schön, daß du wieder da bist! Heute haben wir nur ein kurzes Kapitel vor uns, aber ich habe mir dafür etwas ganz Tolles ausgedacht! Du darfst heute mal so richtig loslegen und alles, was dir stinkt, zur Schnecke machen.

Auch dazu brauchen wir aber wieder ein klein wenig Vorbereitung. Für heute ist es ganz wichtig, daß dich niemand stört und noch besser auch niemand hört! Ja, du hast schon richtig gelesen: Heute wird es nämlich wahrscheinlich richtig laut! Das beste wird sein, du verziehst dich in dein Zimmer und machst die Türe zu oder du gehst, was noch viel besser ist, in den Keller oder auf den Dachboden, wo du hoffentlich nicht gestört wirst.

So ganz nebenbei: Bist du jetzt schon ein klein wenig gespannt, was wohl kommt und reizt dich der Gedanke, an einem ganz anderen Ort zu arbeiten? Ja? Dann solltest du dir das merken und vielleicht überlegen, ob es dich anregen könnte, deine Hausaufgaben (ausnahmsweise) das eine oder andere Mal an einem dieser oder anderer »verrückten« Orte zu machen. Du gehst dann nämlich gleich mit viel mehr Schwung an die Sache und bist vermutlich auch ganz gut drauf dabei!

Also, auf geht's – ab in den Keller/dein Zimmer/den Dachboden und nicht vergessen, mich mitzunehmen!

Trippel – trappel – rrums, Tür zu – Uiuiui, hier ist es ja toll!

34

Ich doch nicht! Stufe 4

Hast du ein schönes Plätzchen gefunden und dich häuslich niedergelassen? Gut, dann geht's los: Wenn du die Übung der Seite 33 erledigt hast, dann hast du dich mit dem Fragebogen der Seiten 19 f. beschäftigt und herausgefunden, daß es Dinge und Menschen gibt, die einen ziemlich großen Anteil daran haben, daß du dich derzeit zur »Wenig-Bock-Gruppe« zählst. Denen geht es heute an den Kragen. Außerdem hast du am Ende des ersten Kapitels den Auftrag bekommen, dir einen Zettel zu schreiben, auf dem du das, was dich am meisten ärgert, aufgeschrieben hast. Während du diesem Zettel immer nur eine lange Nase gedreht hast, sollst du nun so richtig auf den Putz hauen und die für dich besonders ärgerlichen Begleitumstände lauthals beschimpfen. Das mag dir zwar zunächst nicht nur kindisch, sondern vielleicht sogar richtig doof vorkommen – aber versuche es doch einfach mal! Das sieht dann ungefähr so aus: Wahrscheinlich beginnst du ja noch relativ zurückhaltend und denkst dir: »Na ja, Sch… Schule halt« und das war's dann auch schon. Aber damit bin ich absolut nicht zufrieden! Ich möchte dich so richtig schimpfen hören! Du sollst volles Rohr über alles lästern, was dich so nervt. Ganz egal, wen oder was du fertigmachst: hau rein, gib's ihm, schrei ihn an, mach ihn fertig.

Keine Angst, es hört dich ja niemand und es gibt auch niemand Antwort oder widerspricht dir. Du kannst dir deinen Frust so richtig von der Seele brüllen. Du glaubst gar nicht, wie gut das tut! Wenn dir so zwischendurch mal etwas schiefgeht, dann schimpfst du doch auch, nur den Schulfrust, den läßt du so einfach über dich ergehen? Das darf ja wohl nicht wahr sein!

Siehst du, ich habe mich auch schon ereifert! Jetzt aber los! Mach meinem Namen alle Ehre und motz richtig rum!

Ach du glaubst, das funktioniert nicht? Gut: Fang ganz langsam an und steigere dich; die nächste Beschimpfung muß immer ein Stück härter sein, als die vorhergehende! Wie du in der Randspalte siehst, mache ich auch mit:

Stufe 4 Ich doch nicht!

So, jetzt gefällt mir das schon besser. Und? Wie geht es dir jetzt? Ordentlich hergezogen über die blöde …lehrerin, den Affen von …lehrer, die bescheidenen Hausaufgaben, die ständige Nörgelei der Eltern, den beknackten Freund…? Gut! Also zur Belohnung gleich ein ganz dickes Plus in die Liste setzen!

Ich fühle mich wieder etwas leichter, denn ich bin mir nun wieder im klaren darüber, was mir nicht paßt und kann ein ganzes Stück besser damit umgehen. Wir haben aber nicht nur für Erleichterung gesorgt, wir haben nun (endlich?) die wahren Schuldigen an unserem Frust gefunden. Das sind nämlich gar nicht wir selbst, wie man uns immer weismachen möchte – das sind doch die anderen!

Da sind die Lehrer, die Eltern, die Freunde, die blöden Aufgabenstellungen, die muffeligen Klassenzimmer, der sinnlose Stoff in den Fächern, die ungerechten Noten, der weite Schulweg, die sinnlosen Erklärungen, die sowieso niemand versteht, und dann war da auch noch der größere Bruder (die größere Schwester), der/die ja sowieso alles besser macht. Und Musik hören darf ich auch nicht, wann und was ich will. Also da soll noch mal einer sagen, es läge an mir! Wo kommen wir denn da hin, wenn wir auch noch selbst schuld sind, daß wir keine Lust haben!

Ist es dir beim Lesen und vor allem beim Schimpfen genauso gegangen, wie mir, als ich es hingeschrieben habe? Zuerst war ich der festen Überzeugung, daß ich absolut recht habe, mit dem, was ich da loslasse. Als ich dann aber Stück für Stück weiterkam, wurde mir das Ganze immer unwirklicher und zum guten Schluß hatte ich ein Gefühl, so ungefähr wie: »Na, also so schlimm ist es ja nun auch wieder nicht.«

Das nennt man dann paradox: Zuerst steigerst du dich in die Sache hinein, so wie du es gerade getan hast, als du (hoffentlich) lauthals vor dich hingeschimpft hast und dann kommt es dir plötzlich gar nicht mehr so schlimm vor. Darin liegt übrigens auch der Sinn der

Übung aus dem ersten Kapitel (Du weißt schon, die Sache mit der langen Nase). Ich wollte damit erreichen, daß du dadurch zumindest ein klein wenig deine Einstellung zu dem aufgeschriebenen Problem änderst. Das ist dir schon dann gelungen, wenn du dir inzwischen beim Vorbeigehen und Vorlesen Gedanken hast wie: »Eigentlich ein ziemlich blödsinniger Zettel mit diesem ›Aufstehen nervt mich‹, so schlimm ist das ja doch wieder nicht.«

Wenn dir erst einmal bewußt geworden ist, daß nicht alle der angegebenen Gründe so arg schlimm sind (es gibt natürlich einige, an denen du sicher ganz schwer zu beißen hast), dann bist du schon wieder ein ganzes Stück weitergekommen. Du solltest das dann auch recht schnell ausnützen und dir die einzelnen Ärgernisse auf ihre Bedeutung hin durchleuchten.

Und jetzt kommt es: Als sicher wirkenden Tip kann ich dir an dieser Stelle raten, dir einen »Frustpunkt« zum Beispiel als »Ärger des Tages« auszuwählen und ihn so richtig fertigzumachen. Je härter du mit ihm ins Gericht gehst, desto eher wird er dir vielleicht leid tun und du wirst automatisch lernen, besser mit ihm umzugehen. Nimm dir dazu aber nicht zuviele auf einmal vor! Einer genügt am Anfang, die anderen kommen schon noch nach. Vielleicht findest du ja auch einen Freund oder eine Freundin mit dem bzw. mit der du volles Rohr zusammen lästern kannst. Ihr könnt ja versuchen, herauszufinden, wer die besten Schimpfwörter für die ausgewählte Ursache vorrätig hat. Also ergibt sich an dieser Stelle ganz selbstverständlich der nächste Tip:

Tip 5

Ich beschimpfe das, was mir stinkt. So verschaffe ich mir Luft und lerne außerdem, besser damit umzugehen.

Stufe 4 **Ich doch nicht!**

An dieser Stelle komme ich ins Grübeln. Ja, woran liegt es denn dann eigentlich wirklich, wenn die einzelnen Punkte alle gar nicht so schlimm sind? Schließlich habe ich doch die angesprochenen Probleme tatsächlich und habe sie mir nicht nur so aus den Fingern gesaugt! Nun, dazu ist mir ziemlich viel durch den Kopf gegangen und das möchte ich dir im nächsten Kapitel erzählen.

Auf jeden Fall hast du dir für heute wieder einen tollen Belohnungs- oder Pluspunkt verdient und du solltest inzwischen schon mit der Überzeugung das Buch beiseite legen, daß du auf deinem Weg zu einer etwas anderen Einstellung gut in der Zeit liegst! Also, noch eine kleine Übung auf der Übungsseite und dann in aller Ruhe rein in die Freizeit! Viel Spaß und bis demnächst!

Eine Übungsseite zum Knobeln!

Nachdem du heute schon so gut »drauf« bist, kannst du ja gleich versuchen, ob sich nicht auch die folgenden Aufgaben recht ordentlich beschimpfen lassen. Ich glaube nämlich, daß du sie nicht auf Anhieb wirst lösen können (zumindest nicht alle!).

In den folgenden Kästchen findest du eine Anordnung von Buchstaben, die auf den ersten Blick keinen besonderen Sinn zu ergeben scheinen. Das ist aber nicht wahr, wenn du ein wenig um die Ecke denkst, kannst du bestimmt herausfinden, was sie bedeuten.

Ein Beispiel:

erlei

Würde heißen: Ein erlei
also »Einerlei«.

Haha, ich höre dich schon schimpfen: »So ein Schmarrn, so ein Krampf, der spinnt wohl, …« Jawohl, immer raus mit dem Ärger! Also, laß die Gehirnzellen tanzen – ich weiß, daß die Lösung manchmal ein klein wenig wehtut – aber du schaffst das!

K mann	br br br br Bär br br br br	eeee eeeeee putzen	ung ung ung ung ung ung ung ung

EIS ISE SEI SIE IES	felsfrei felsfrei	MOMANNND

Ausgetobt?
Herausgefunden?
Spitze!
Dann gibt's schnell noch einen Pluspunkt in die Liste und ab geht's in die Freizeit!
Und such noch einen Aufkleber für das A-Feld raus!

Lösungen auf Seite 118.

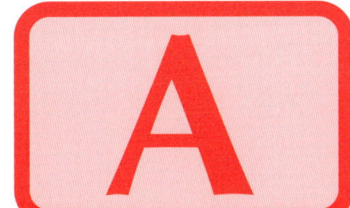

Stufe 5 **Keep cool!**

Mit dem Motzi in der Hand kommst du durch das ganze Land! So oder ähnlich heißt doch ein altes Sprichwort und ich möchte dich mit diesem Sätzchen ganz herzlich zur nächsten Etappe begrüßen.

Schauen wir zuerst mal zurück, was wir schon alles geschafft haben:

- Da war zuerst ein Fragebogen, in dem du deine Probleme (hoffentlich) wiedergefunden hast;
- dann hast du deinen Arbeitsplatz etwas heimeliger gestaltet
- und schließlich wurde noch so richtig abgelästert.

Wenn alles so geklappt hat, wie ich mir das vorstelle, ist zumindest schon der eine oder andere Punkt nicht mehr ganz so schlimm wie noch vor wenigen Tagen. Eine Aussage von Jugendlichen, die mir gut gefällt, heißt: »Keep cool« und das entspricht im Wesentlichen dem, was ich bisher versucht habe, dir mitzuteilen. Allerdings darfst du jetzt aus meiner Aussage nicht ableiten, daß dir alles egal sein soll, denn das bedeutet »cool sein« nämlich gar nicht. Es heißt – ganz einfach übersetzt – nichts anderes, als »nicht alles so eng sehen, aber dennoch voll bei der Sache sein«.

Nichts ist aber schwieriger, als immer voll dabei zu sein! Was also kannst du tun, damit dir das öfter gelingt? Bis jetzt haben wir immer nur im Sumpf der Unlust herumgegraben und haben Schuldige dafür gesucht (und auch gefunden). Findest du es nicht komisch, daß man so schnell darauf verfällt, immer nur das Schlechte oder Negative zu sehen, sich darauf einzuschießen und sich dann natür-

lich auch in dieser Stimmung bestätigt zu sehen? Warum gehen wir die Sache denn nicht von einer ganz anderen Seite an? Schließlich sind wir doch wer!

Zu diesem Zweck solltest du dir jetzt ein möglichst großes Blatt Papier und Schreib- bzw. Malmaterial besorgen. Wir gestalten uns nämlich ein ganz wichtiges Plakat, das du nachher über deinen Schreibtisch oder auch über dein Bett hängen sollst. Schreibe doch bitte darauf in ganz großen Buchstaben:

Ich glaube an mich selbst!
Wenn ich es nicht tue, wer dann?

Damit du mit diesem Spruch tatsächlich etwas anfangen kannst, mußt du zwar noch mehr arbeiten, aber erst wird geschrieben!

Arbeitsphase – male, male, kritzel, kritzel …!

Wie sieht die Sache aus? Bist du zufrieden mit deinem Ergebnis? Also ab an die Wand damit – und zwar so, daß du täglich mindestens x-mal draufschauen mußt! Zum Beispiel dann, wenn gerade wieder eine Hausaufgabe überhaupt nicht zu klappen scheint. Und wie wäre es mit einem Pünktchen für diese Leistung? Ja? Ja!

Das ist aber noch nicht alles, denn jetzt gehen wir wieder einmal auf die Suche. Während wir bisher in unseren Fehlern und Schwächen herumgestochert haben, drehen wir den Spieß einfach um: Die Frage, die sich jetzt stellt, ist: »Wo liegen meine Stärken?«

Behaupte nun ja nicht, du hättest keine! Das ist absolut unmöglich, denn jeder Mensch hat irgendwelche Dinge, die er hervorragend beherrscht und vielleicht sogar besser kann, als die, die ihm immer das Gegenteil einreden wollen.

Erlaube mir, dir als kleine Hilfestellung wieder einen Vorschlag zu machen: »Ich fahre viel mit dem Fahrrad und schaffe dabei leicht eine Durchschnittsgeschwindigkeit von 28 km/h. Das macht mir so leicht keiner nach!«

Du siehst, es ist zunächst überhaupt nicht wichtig, die Antworten auf die Schule zu beziehen, du kannst es aber natürlich gleich mit berücksichtigen. Sicher gibt es einen Fachbereich, in dem du einfach besser drauf bist, als der Rest deiner Klasse und wahrscheinlich auch besser, als ich es jemals war. Also, ran an den Speck: Was kannst du gut? Fülle die folgende Tabelle aus, oder erstelle dir selbst eine Liste, die du dann auch gleich zu deinem Plakat dazuhängen kannst.

Ich bin einfach Spitze!	
außerschulisch	**schulisch**
Ich kann klasse Karten spielen	*In Musik beherrsche ich die Triangel perfekt*

Na, ist dir das schwergefallen? Ich glaube, nach anfänglichem Zögern – wer lobt sich denn schon selber? – bist du ganz ordentlich in Fahrt gekommen und schließlich hat sogar die Liste gar nicht mehr ausgereicht! (Zumindest bei den außerschulischen Dingen.)

Daran erkennst du nun, daß es doch so einige Dinge gibt, in denen du manch anderem ganz schön etwas voraus hast. Also kann es um dich grundsätzlich schon mal nicht schlecht bestellt sein.

Grübel, grübel, ... Entschuldigung, ... ehm, ... während du dein Kreuzchen gemalt hast, ist mir da schon wieder eine Frage eingefallen! Warum bist du denn in diesen Dingen oder auch in bestimmten Schulfächern gut?

Darüber sollten wir doch glatt nachdenken! Da bist du in einzelnen Teilbereichen praktisch ein As und weißt gar nicht warum? Ich höre dich direkt sagen: »Ist doch klar, das macht mir ja schließlich auch Spaß!« In Ordnung, das ist richtig! Wenn wir diesen Gedankengang weiterverfolgen, dann stellt sich das in etwa wie ein Kreislauf dar:

> Für diese wirklich großartige Erkenntnis gibt es sofort einen dicken Punkt in der Liste!

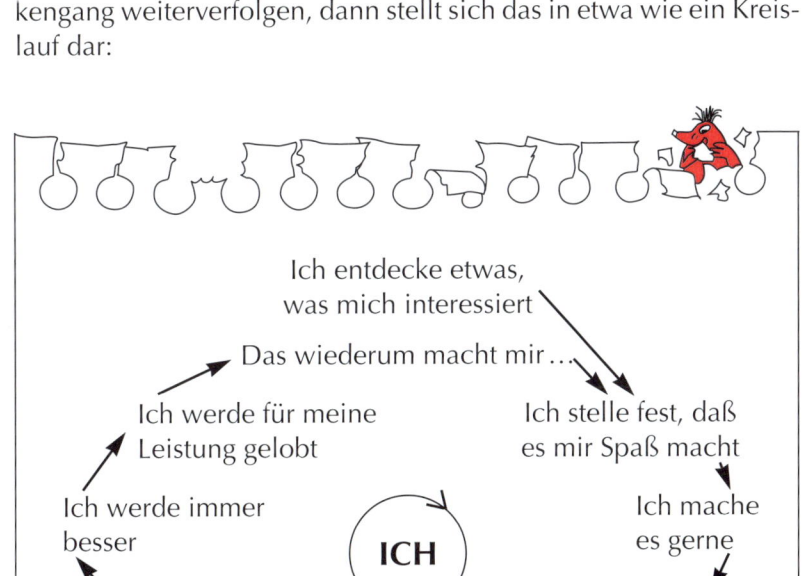

43

Stufe 5 **Keep cool!**

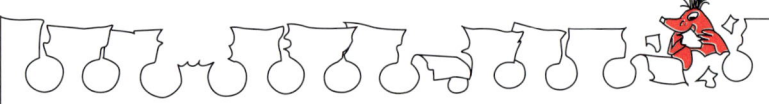

Kannst du mit diesem Bildchen etwas anfangen? Du erkennst daraus den unmittelbaren Zusammenhang zwischen einem Erfolg und der Freude, etwas zu tun. Was nun für uns übrigbleibt, wäre, Wege zu finden, wie du über den Erfolg zu mehr Freude kommst und dadurch wieder zu mehr Erfolg und zu mehr Motivation und…

Huiuiui – mir wird ganz schwindelig vor lauter Kreislauf: Ich hoffe auf jeden Fall, daß du aus dieser Erklärung erkennen konntest, wie wichtig der Spaß an einer Sache ist, um sie dann auch richtig ausführen zu können. Ganz sicher werde ich dir jetzt nicht versprechen, daß du am Ende des Buches nur noch Spaß an der Schule haben wirst, aber ich möchte  zumindest versuchen, dir weiterhin ein paar Tips zu geben, wie du mehr Freude an der Schule gewinnen kannst.

Tips? – Da war doch noch etwas! Habe ich etwas vergessen? Ach ja, der Tipzettel. Vielleicht kommt das von der Kreiselei – ich brauche jetzt erst eine kleine Pause und du solltest dir auch eine gönnen, dann geht es gleich wieder flott weiter!

Pause mit O-saft

Schau, schau, da ist er ja schon, der Tip mit der Nummer 6!

> **Tip 6**
>
> *Vom Erfolg führt ein direkter Weg zur Freude an der Arbeit!*

Ganz nach Belieben kannst du dir aber auch hinter die Ohren schreiben:

> **Tip 7**
>
> *Von der Freude an der Arbeit führt ein direkter Weg zum Erfolg!*

Welcher der beiden Sprüche gefällt dir denn besser? Das heißt, mit welchem Spruch glaubst du, spontan mehr anfangen zu können? Denke bitte an deine Lieblingsbeschäftigung. Vielleicht malst du ja gerne solche Männchen, wie die, die du in diesem Buch findest. Deine Überlegung müßte nun so ablaufen:

Male ich die Männchen deshalb so gerne, weil ich sie besonders gut kann – oder kann ich sie so gut, weil mir das ganz einfach Spaß macht? (Natürlich sollst du da jetzt die Tätigkeit einsetzen, die du am allerliebsten machst: Gitarre oder Computer spielen, Modelle basteln, schneidern, Tennis spielen …)

Wenn du darüber gründlich nachdenkst (was ich ja hoffe), dann wirst du vermutlich feststellen, daß es entsetzlich schwer ist, die wahre Ursache herauszufinden, weil du immer wieder von dem einen auf den anderen Grund zurückschließen kannst. Das ist auch gut so, denn so kannst du dir stets das heraussuchen, was dir gerade am besten zur Nase steht.

45

Stufe 5 **Keep cool!**

In der Hitliste deiner Fähigkeiten findest du ja sicher mindestens ein oder zwei Schulfächer, die du als (zumindest einigermaßen) erfolgreich eingestuft hast. Sollte das nicht der Fall sein, dann verzweifelst du bitte nicht gleich, sondern glaubst daran, daß mir dazu bestimmt noch etwas einfallen wird.

Ich gratuliere dir auf jeden Fall zunächst zu deinen Fähigkeiten (mit einem weiteren Plus), die du dir heute ganz bewußt gemacht hast und bitte dich ganz inständig darum, laß sie dir von niemandem schlecht machen, denn gerade auf diesem Können bauen wir den Rest unserer Reise auf! Du siehst daran, wie wichtig mir (und hoffentlich auch dir) deine Fähigkeiten sind!

Es folgt – wie nicht anders zu erwarten – eine kleine Übungsseite und schon geht's ab in die wohlverdiente Freizeit!

Die Übungsseite

Sag mal, bist du stark … im Denken? Wunderbar, dann beschäftige dich doch bitte mit dem folgenden Rätsel:

Welcher Hund frißt am liebsten Schnappi?

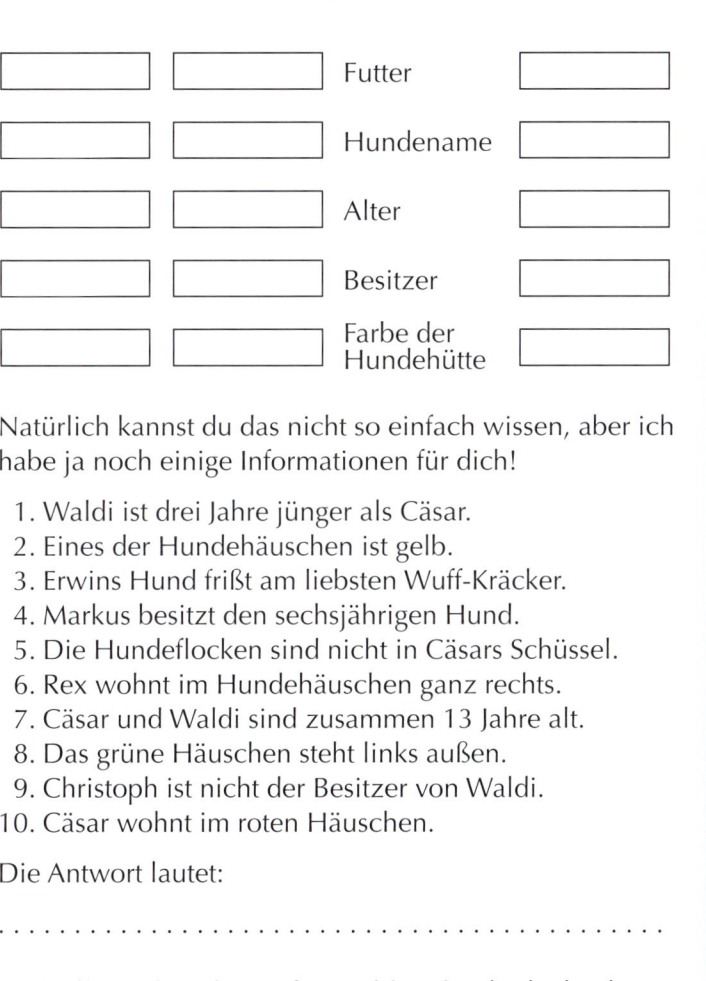

		Futter	
		Hundename	
		Alter	
		Besitzer	
		Farbe der Hundehütte	

Natürlich kannst du das nicht so einfach wissen, aber ich habe ja noch einige Informationen für dich!

1. Waldi ist drei Jahre jünger als Cäsar.
2. Eines der Hundehäuschen ist gelb.
3. Erwins Hund frißt am liebsten Wuff-Kräcker.
4. Markus besitzt den sechsjährigen Hund.
5. Die Hundeflocken sind nicht in Cäsars Schüssel.
6. Rex wohnt im Hundehäuschen ganz rechts.
7. Cäsar und Waldi sind zusammen 13 Jahre alt.
8. Das grüne Häuschen steht links außen.
9. Christoph ist nicht der Besitzer von Waldi.
10. Cäsar wohnt im roten Häuschen.

Die Antwort lautet:

. . . .

Ich hoffe, du bist der große Knobler, der das locker herausbringt – Um dich zu ärgern, habe ich nämlich keine Lösung angegeben! (Es geht aber!)

Du hast wohl gedacht, ich hätte deine Punkte für die Übung vergessen? Ein dickes + natürlich hinein in die Liste, wenn du herausgefunden hast, daß – oh, beinahe hätte ich es verraten!

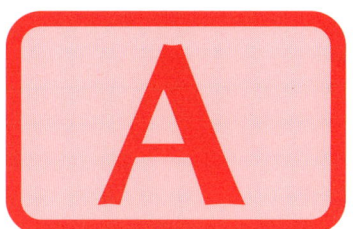

A

»Gestatten, Motzi mein Name, ich hätte gerne einen neuen Tip für meine Leser, und zwar einen, mit dem sie etwas anfangen können.« Was meinst du, wie gerne ich mit diesem Satz in eine Apotheke gehen würde, um ein paar Tips für dich abzuholen und sie dir hier anzubieten. Da müßte ich mich nämlich nicht weiter anstrengen, sondern könnte mich darauf verlassen, daß die Medizin »Tips« schon helfen wird. Ich bin mir bloß nicht sicher, ob ich mich so richtig freuen könnte, wenn du dann die Erfolge einstreichst.

Na ja, ein bißchen träumen wird doch erlaubt sein. Geht es dir auch manchmal so, daß du dir etwas vorstellst, was du eigentlich unbedingt gerne haben oder erreichen willst? Irgendwie haut das aber einfach nicht so hin, und nach einiger Zeit hast du entweder ein schlechtes Gewissen oder schiebst die Schuld (siehe vorherige Stufen) eben auf etwas (oder jemand) anderes bzw. anderen.

48

Es gibt viel zu tun, nix wie weg? Stufe 6

Natürlich ist das, wie wir schon festgestellt haben, nicht ganz falsch, aber meistens liegt das Hauptübel eben nicht an den Sachen oder an den Menschen, mit denen du zu tun hast, sondern vielmehr daran, wie du mit ihnen umgehst.

Auf der vorherigen Stufe hast du mitbekommen, daß Erfolg sehr wichtig für die Freude an der Arbeit ist. Wenn wir uns aber selbst um den Erfolg bringen, kann natürlich keine Freude an der oder auf die Arbeit aufkommen.

Du bist sicher wieder überzeugt, daß ich dir damit nichts Neues erzähle und daß das außerdem bei dir ja überhaupt nicht zutrifft. Hoffentlich hast du recht, aber so ganz will ich dir das eben nicht glauben. Wahrscheinlich geht es dir da so, wie es auch mir immer wieder einmal passiert: Ich nehme mir etwas vor und male mir dann auch aus, wie toll ich sein werde. Dann jedoch kommt die Arbeit auf mich zu und … ich finde alles mögliche, was mich davon abhält!

Laß mich versuchen, dir zu zeigen, was ich damit meine: Dazu gehe ich davon aus, du könntest mich beobachten, wie ich mich an die Arbeit mache, die nächsten fünf Seiten für dieses Buch zu schreiben. Das sieht – und das ist wirklich nicht gelogen! – dann so aus:

- Motzi ist besten Willens, zu schreiben.
- Motzi setzt sich an den Computer und schaltet ihn ein.
- Motzi beobachtet den Ablauf des Bootens, dabei fällt ihm ein, daß er eigentlich unbedingt etwas zu trinken braucht.
- Motzi steht auf, geht in die Küche, schenkt sich ein Glas Orangensaft ein.
- Motzi setzt sich wieder an den Computer und klickt die Datei Motivation an.
- Motzi stellt fest, daß er entsetzlich schmutzige Fingernägel hat.
- Motzi steht auf, geht ins Bad, wäscht sich die Hände und reinigt seine Fingernägel.
- Motzi geht zurück und liest die letzten Zeilen seines Werkes.

Stufe 6 **Es gibt viel zu tun, nix wie weg?**

- Motzi hört, daß es an der Türe läutet.
- Motzi steht (dankbar für die Störung) auf und öffnet.
- Motzi unterhält sich unverhältnismäßig lange mit seinem Nachbarn, der eigentlich nur eine Zange braucht.
- Motzi kehrt zurück zu seinem Computer, dabei fällt ihm ein, daß er…

So könnte ich noch einige Zeit weiter schreiben, ohne dabei endlich zu dem Punkt zu kommen: »Motzi arbeitet konzentriert an seinem Buch.«

Vielleicht kannst du jetzt verstehen, was ich meinte, als ich davon sprach, daß wir uns selbst manchmal die Chance auf Erfolg nehmen. Wir zögern es ab und zu einfach immer wieder hinaus, weil uns das, was auf uns wartet, entweder nicht gefällt oder weil wir Angst vor der großen Menge an Arbeit haben, die auf uns zukommt.

Und an dieser Stelle muß ich dir eine Gewissensfrage stellen: Ist es dir manchmal auch schon so gegangen, oder zählst du dich zu der seltenen Rasse derer, die immer gleich volle Kanne anfangen können? Na siehst du, hab ich mir's doch gedacht.

Herzlichen Glückwunsch zu dieser Erkenntnis – wir alle sind nicht frei (also niemand!) von dieser Reaktion, mit der wir versuchen, unangenehme Dinge vor uns her zu schieben. Damit du mir das endgültig glaubst, habe ich noch ein besonders tolles Beispiel, das mit der Schule eigentlich gar nichts zu tun hat. Denke an einen bevorstehenden Zahnarztbesuch. Selbst ohne Schmerzen wird es dir schon gleich etwas flau im Magen, wenn du nur an das nette Lächeln des Arztes denkst. (Dabei ist heutzutage wirklich nichts Furchterregendes mehr an einem Routinebesuch beim Zahnarzt. – Ich habe trotzdem immer noch das totale Fracksausen.) Bist du in dieser Situation nicht ganz arg froh, wenn das Auto streikt oder der Bus ausgerechnet an diesem Tag viel zu spät kommt und du leider nicht mehr rechtzeitig ankommen kannst?

Es gibt viel zu tun, nix wie weg? Stufe 6

So und nicht anders verhält es sich mit den Unterrichtsfächern in der Schule: Was sind wir doch froh, wenn ausgerechnet am Tage der angesagten Schulaufgabe (Klassenarbeit) dicke Schneeflocken fallen und der Bus zu spät kommt! Vielleicht fällt die Klassenarbeit ja doch aus? Hast du dich nicht auch schon bei diesem Gedankengang ertappt, obwohl dir vollkommen klar war, daß dadurch nichts gewonnen, sondern nur aufgeschoben wurde?

Hier gilt es also, den Vermeidungsdrang zu bekämpfen. Eine erste wirkungsvolle Methode, an dieser Situation etwas zu ändern, ist natürlich, sich gut vorzubereiten. Das sage ich ganz ohne erhobenen Zeigefinger – es wäre halt das Einfachste. Leider fällt aber gerade das häufig schwer, wenn die Einstellung zu dem entsprechenden Fach schon ziemlich getrübt ist und so kommt es wieder einmal zu einem – diesmal aber eher teuflischen – Kreislauf.

Obwohl es dir jetzt sicher schon ziemlich klar ist, versuche ich, dir das mit einer kleinen Graphik darzustellen. Ich verbinde aber damit eine Aufgabe für dich:

Ich zeichne den Kreislauf vor und gebe die Startposition an, du ergänzt das Bild mit deinem Text zu einem Schaubild. Dabei solltest du dir gleich überlegen, an welcher Stelle du den Teufelskreis unterbrechen könntest. Hierzu zwei Vorschläge:

- Verwendung eines Bleistiftes, da du diesen ausradieren kannst, wenn du etwas ändern willst und somit keinen Mißerfolg festschreibst.

- Eigene Gestaltung auf einem DIN-A4-Blatt, damit dein Text sicher hineinpaßt.

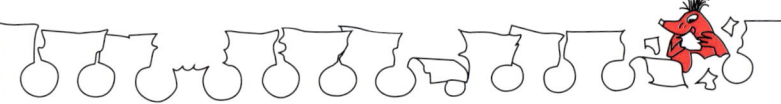

Selbstverständlich findest du wieder einen Lösungsvorschlag auf der Lösungsseite – ich bin jedoch überzeugt davon, daß du ihn nur zum Vergleichen brauchst.

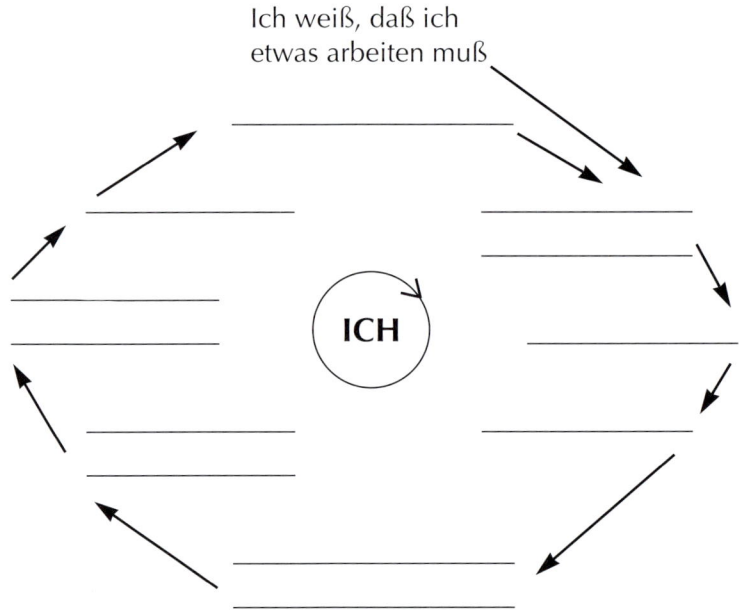

Ich weiß, daß ich etwas arbeiten muß

ICH

Sicher helfen dir beim Ausfüllen folgende Beiträge:

ich bin nicht besonders erfolgreich – ich suche einen Grund, nicht anfangen zu müssen – die Verschiebung verursacht ein schlechtes Gewissen – ich mag die Arbeit nicht besonders – ich finde einen neuen Grund für einen Aufschub – das schlechte Gewissen hindert mich, eine gute Arbeitseinstellung aufzubauen – dadurch habe ich wieder … ich fürchte die Arbeit.

Natürlich sind sie etwas durcheinandergeraten, aber schließlich sollst du ja auch ein bißchen mitdenken – sonst bringt das alles gar nichts.

> **Arbeitsphase: Großes Blatt Papier,
> ein guter Bleistift und ein toller Ratzi!**

Hast du's geschafft? Es macht nichts, wenn du dabei ins Grübeln geraten bist, denn es war keine leichte Aufgabe, die du bewältigt hast.

Als Tip, der zu unseren Überlegungen paßt, gebe ich dir folgenden:

> ### Tip 8
>
> **»Wer die Arbeit kennt, und sich drückt, der ist verrückt!«**

Wenn wir uns deinen Kreislauf (kein medizinischer Begriff – es geht um deine Zeichnung!) nun genauer betrachten, müssen wir überlegen, wo wir mit dem Eispickel ansetzen können, um ihn zu knacken. Hast du selbst schon eine Idee? Ich schlage vor, wir gehen Schritt für Schritt voran und wo wir etwas entdecken, was wir ändern könnten, halten wir an und setzen dort den Hebel an.

Ich weiß, daß ich etwas arbeiten muß: Ich hoffe doch sehr, daß das so ist und deshalb sollten wir es wohl am besten stehen lassen, denn damit soll der Einstieg in die Arbeit ja beginnen – ändern können wir das sowieso nicht.

Ich suche einen Grund, nicht anfangen zu müssen: Hier finden sich bestimmt die ersten Möglichkeiten, eine Änderung herbeizuführen, allerdings müssen wir zuvor den Grund für die ablehnende Haltung herausfinden. Dazu ist es nötig, daß du dir ein Fach heraussuchst, an dem du den Versuch durchführen willst. Ich empfehle dir, ein Fach auszuwählen, das du (noch) nicht abgrundtief haßt.

Stufe 6 Es gibt viel zu tun, nix wie weg?

Erlaube mir bitte, daß wir von Mathematik ausgehen, einem Fach, dem nach meinen Erfahrungen viele Schülerinnen und Schüler nicht gerade viel abgewinnen können. (Was mir außer in der achten und neunten Klasse übrigens genauso gegangen ist!) Du setzt aber bitte unbedingt das von dir gewählte Fach an die Stelle von Mathematik!

Jetzt ist dein Erinnerungsvermögen gefragt: Wann hat dir Mathe das letzte Mal so richtig Spaß gemacht? Da fällt mir die Zeile eines Liedes ein … »lang, lang ist's her, lang ist's her«.

Geht es dir gerade auch so? Ich will es aber ganz genau wissen! War es in der fünften Klasse? War das vielleicht in der Grundschule? Oder ist das erst seit diesem Schuljahr so? Da muß inzwischen ganz schön viel gelaufen sein, denn von heute auf morgen wird aus einem Fach, an dem man einigermaßen seine Freude hat, kein Fach, das schon dann schlechte Stimmung aufkommen läßt, wenn nur der Name genannt wird! Also was ist passiert?
Ich gebe dir nun eine Reihe von Erklärungsmöglichkeiten, aus denen du dir die für dich (in diesem Fach) zutreffenden heraussuchst und ankreuzt. Im Anschluß daran werden wir versuchen, für diese einzelnen »Motivationsbremsklötze« jeweils passende Abhilfe zu entwickeln.

Motivationsbremsklötze	
1. Ich habe überhaupt Schwierigkeiten, mit einer Arbeit anzufangen.	
2. Ich kann den Lehrer/die Lehrerin nicht besonders leiden.	
3. Ich habe in der …ten Klasse den Anschluß verpaßt.	
4. Ich sitze in diesem Fach neben einem Schüler oder einer Schülerin, den bzw. die ich nicht ausstehen kann.	
5. Ich verstehe nicht, was die Lehrkraft erklärt.	
6. Die Lehrkraft erklärt schlecht.	
7. Fragen sind nicht erlaubt.	
8. Ich kann lernen, was ich will, es klappt einfach nicht.	
9. Mir kann in diesem Fach zu Hause niemand helfen.	
10. Ich kann mir in diesem Fach einfach nichts merken.	
11. Ich habe Angst vor diesem Fach.	
12. Die Schulaufgaben (Klassenarbeiten) sind immer furchtbar schwer.	
13. Ich bin erblich vorbelastet; meine Eltern konnten das auch schon nicht.	
14. Ich finde das Fach einfach langweilig.	
15.	
16.	

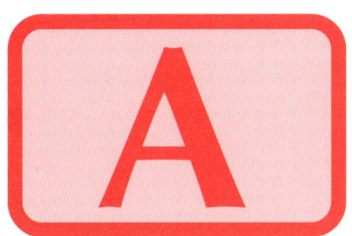

Ganz bewußt habe ich noch zwei Leerzeilen gezogen, denn du sollst natürlich auch die Gelegenheit haben, deine eigenen Gedanken eintragen zu können.

Es gibt viel zu tun, nix wie weg?

Du solltest dir an dieser Stelle ein Päuschen gönnen, dir ein Plus in die Liste setzen und vielleicht auch ein Lied aus deiner Lieblings-CD anhören.

Nun ab in die Reparaturwerkstatt! Ich vermute, wir werden genau an diesem Ort einige Zeit verbringen und ich hoffe, daß du inzwischen schon so gut »drauf« bist, daß du die folgenden Ratschläge Stück für Stück umsetzen kannst. Damit dich die Sache nicht etwa langweilt, weil du wahrscheinlich nicht alle Punkte (sie sind mit einem roten ▲ in der Randspalte gekennzeichnet) angekreuzt hast, solltest du zunächst auf den nächsten Seiten heraussuchen, wo die Besprechung »deiner Kreuze« zu finden ist und diese dann für dich durcharbeiten. Natürlich freut es mich, wenn du im Anschluß daran auch noch die anderen Punkte anschaust, um weitere Informationen zu erhalten und eventuell auch, um mögliche andere gefährliche Stolpersteine zu entdecken.

Hast du Punkt 1 angekreuzt?
Du behauptest also, es bereitet dir Schwierigkeiten, mit Arbeiten, die sich auf die Schule beziehen, anzufangen? Na klar! Deshalb liest du ja auch dieses Buch – du hast also schon einen ganz wichtigen Schritt unternommen! Zunächst eine beruhigende Meldung: Das geht nicht nur dir so! Viele Schülerinnen und Schüler klagen häufig über genau diese Schwierigkeit. Allerdings kann ich dir für diese Problematik zwei ganz wertvolle Tips geben, die dir gut helfen könnten, das »Arbeitsanfangsunlustgefühl« zu überwinden:

● Machst du zwischen Schule und Hausaufgaben eine ganz bewußte Pause? Man hat nämlich festgestellt, daß die meisten Menschen so kurz nach der Mittagszeit ein Tief haben und deshalb nicht besonders ertragreich arbeiten können. Und wie du ja schon weißt, wenn du keinen Erfolg verbuchen kannst, verlierst du irgendwann die Lust und das Interesse, merkst, daß es nicht läuft… Also solltest du in der nächsten Zeit versuchen, erst eine Mittagspause einzulegen, dich von der Schule zu erholen, Sauerstoff zu tanken und in dieser Zeit nicht unbedingt einer anstrengenden Tätigkeit nachzugehen (wie zum Beispiel Compu-

terspiele, die das Gehirn ganz schön in Anspruch nehmen, auch wenn sie Spaß machen!). Wenn du dann gegen 15.00 Uhr oder 15.30 Uhr mit der Arbeit anfängst, sieht die Sache vielleicht ganz anders aus.

Ich weiß natürlich, daß es eine Unmenge von Gründen gibt, die gegen eine solche Regelung sprechen:

— Die Eltern verlangen ein sofortiges Anfangen nach dem Motto: Erst die Arbeit, dann das Vergnügen;
— die Freunde und Freundinnen kommen gerade dann, wenn du beginnen möchtest und haben ihre Arbeiten bereits erledigt;
— der Sport- oder Musiktermin liegt gerade in der Zeit, in der du deine Aufgaben machen möchtest.

All diese Punkte lassen sich aber dann, wenn du feststellst, daß dir die neue Arbeitszeit günstiger ist, bestimmt ändern und du hast letztendlich mehr Zeit, weil du viel schneller fertig wirst!

Tip 9

Eine gezielte Mittagspause erhöht mein Leistungsvermögen!

● Könnte es vielleicht sein, daß du häufig einen für dich ungünstigen Einstieg wählst? Das heißt, fängst du eventuell mit dem »falschen« Fach an zu arbeiten? Die Lernmethodik geht davon aus, daß die erste Arbeit möglichst eine relativ leichte sein sollte, da sich so (ich verwende einen Vergleich mit dem Sport, der natürlich wie alle Vergleiche ein klein wenig hinkt) das Gehirn schön »warmlaufen« kann. Außerdem baut es auch ein wenig auf, wenn man schon mal etwas geleistet hat und so auf einen Erfolg zurückblicken kann.

Stufe 6 Es gibt viel zu tun, nix wie weg?

Zu diesem Bereich möchte ich dir gerne auf der Stufe »Organisation ist alles« noch ein paar weitere Tips geben – hab also bitte noch etwas Geduld!

 Wie sieht es denn bei dem zweiten Punkt aus? Hier hast du auch ein Kreuzchen gesetzt (vielleicht sogar ein besonders dickes)?

Da es uns sicher nicht gelingen wird, die Lehrkraft zu ändern, können wir nur versuchen, einige kleine Maßnahmen zu ergreifen, die die Zusammenarbeit mit diesem Menschen erträglicher gestalten. Mein Vorschlag Nr. 1 ist da recht einfach in die Tat umzusetzen (ich habe ihn übrigens von meinem Vater, der ihn mir vor vielen Jahren mitgegeben hat):

Wenn du das nächste Mal Unterricht bei dieser Lehrkraft hast, dann stell dir bitte vor, sie oder er hätte zwei verschiedenfarbige Socken oder Strümpfe an. Ich bin mir vollkommen im Klaren darüber, daß das die Sympathie zu dieser Lehrkraft sicher nicht erhöhen wird. Es soll dabei auch nicht erreicht werden, daß du den Lehrer oder die Lehrerin als lächerlich empfindest, aber vielleicht gelingt es dir auf diese Weise, etwas lockerer mit ihm bzw. ihr umzugehen. Auf diese Weise kommt es dann möglicherweise sogar dazu, daß du die Person plötzlich aus einem ganz anderen Blickwinkel siehst und ihr zumindest nicht mehr ganz so ablehnend gegenüberstehst.

Der wahrscheinlich am wenigsten erfolgreiche, leider aber immer wieder eingeschlagene Weg, mit einem »ungeliebten« Lehrer umzugehen, ist der, sich zu denken, er könne dich ja überhaupt nicht meinen. Du läßt dann den Unterricht nur noch unwillig über dich ergehen, erträgst die Stunden mehr schlecht als recht und deine Antipathie (ablehnende Haltung) steigert sich von Mal zu Mal. Ohne daß du es selbst spürst, belastet dich diese Situation aber doch und das ist ganz bestimmt nicht hilfreich für deine Arbeit in der Schule! Im Gegensatz dazu ist der folgende Vorschlag zwar sicher der schwierigste, meist aber auch der erfolgreichste: Überwinde dich und suche ein Gespräch mit der Lehrkraft!

58

Es gibt viel zu tun, nix wie weg? Stufe 6

Puh, das ist ein starkes Stück, das ich da von dir verlange, und vielleicht kommt jetzt auch gleich der Satz: »Mit dem bzw. der kann man nicht reden!« Tut mir leid, ganz kann ich das nicht glauben! Hast du es schon einmal versucht? Wenn nicht, dann versuche es doch zunächst mit der Frage: »Entschuldigung, ich hätte da ein Problem und möchte Sie um einen Rat bitten. Wann hätten Sie einmal Zeit?« Damit setzt du ihn bzw. sie in Zugzwang, denn wirklich »Nein« sagen, kann die Lehrkraft da nicht. Das Problem, das du besprechen willst, ist dir ja schon klar: »Mir macht das Fach derzeit einfach keinen Spaß und ich möchte gerne wissen, ob Sie mir einen Tip geben können, was ich tun oder wie ich lernen kann, um trotzdem Erfolg zu haben.« Du sagst damit mit keinem Ton, daß es vielleicht an ihm oder ihr liegen könnte und wirst dich wahrscheinlich wundern, wie positiv die Reaktion sein wird!

Übrigens: Mit Einschleimen hat das absolut nichts zu tun! Also, wenn der kleine Trick mit den Socken nicht hilft, gib deinem Herzen einen Stoß und suche ein Gespräch! Es ist auf jeden Fall einen Pluspunkt wert, wenn du jetzt nicht vor lauter Wut das Buch in die Ecke wirfst und sogar bereit bist, über diese Anregung doch zumindest einmal nachzudenken.

Stufe 6 **Es gibt viel zu tun, nix wie weg?**

Du hast den Anschluß verpaßt (Punkt 3)?

Prima – nein, nicht etwa, daß das besonders gut wäre! – Aber prima, daß dir das bewußt ist! Da hilft aber keine Motivationsbemühung, da hilft (außer vielleicht ebenfalls einem Gespräch mit der Lehrkraft) nur eine ganz gezielte Nachhilfe! Die sollte übrigens lieber kurz und sehr intensiv sein, als sich über Monate hinziehen, denn dann verliert man die Lust und ein Erfolg stellt sich auch nicht so unbedingt schnell ein. Kleiner Tip am Rande: Schau mal ans schwarze Brett, da hängen häufig Anzeigen von Schülerinnen und Schülern, die bereit sind, Nachhilfe zu geben. Sie haben meist den Vorteil, daß sie die entsprechende Lehrkraft kennen und bei ihr nachfragen können, was sie am besten mit dir aufarbeiten sollen. Außerdem sind sie auch schonender für Daddys oder Mummys Geldbeutel.

Trifft der Punkt also bei dir zu, dann aber los, es wird höchste Zeit!

Tip 10

Wenn es wirklich brennt, hilft nur intensive Nachhilfe!

Jetzt ist ein guter Zeitpunkt gekommen, eine größere Pause einzulegen. Denke an deine Pluspunkte für Arbeitseinsatz und die Übungsseite, die solltest du natürlich erst noch erledigen!

Die Übungsseite

Heute darfst du aus einem großen Fragebogen heraussuchen, was dir an einer guten Lehrkraft am wichtigsten erscheint. Schreibe in die Kästchen am Anfang der Eigenschaften eine Zahl, die die Reihenfolge der Wichtigkeit widergibt: Das Wichtigste bekommt also eine 1, das Unwichtigste die 21.

☐ Ein guter Lehrer (natürlich auch Lehrerinnen) setzt sich durch. In seinen Stunden sind die Schüler (und ebenso die Schülerinnen) für gewöhnlich diszipliniert und ruhig.

☐ Ein guter Lehrer gibt sich, wie er wirklich ist. Seine Schüler wissen bei ihm, woran sie sind. Er steht dazu, daß er einzelne Schüler mehr mag als andere. Auch darin liegt ein Stück seiner Echtheit.

☐ Ein guter Lehrer hat gesunden Humor und kann Spaß vertragen. Er verletzt seine Schüler jedoch nie durch Sarkasmus (bissige Witze).

☐ Ein guter Lehrer kann die Schüler für sein Fach begeistern. Er erkundigt sich, was die Schüler von seinem Unterricht halten.

☐ Ein guter Lehrer stellt hohe Forderungen an die Schüler und läßt kein nachlässiges und unordentliches Arbeiten durchgehen.

☐ Ein guter Lehrer kann gut erklären und hat Geduld mit Leistungsschwächeren – auf Faulheit aber reagiert er allergisch.

☐ Ein guter Lehrer fördert die Selbständigkeit. Er erlaubt den Schülern, viele Entscheidungen selbst zu treffen (z.B.: Gruppen- und Zeiteinteilung, Aufgabenvorschläge, Ausflüge, Klassenzimmergestaltung).

☐ Ein guter Lehrer ist kompetent, hält sich in seinem Fachgebiet auf dem laufenden und bildet sich regelmäßig fort.

☐ Ein guter Lehrer pflegt den persönlichen Kontakt mit seinen Schülern, so daß sie ohne Angst fast über alles mit ihm reden können.

☐ Ein guter Lehrer legt großen Wert darauf, den Schülern beizubringen, wie man lernt, wie man erfolgreich zusammenarbeitet und einander besser versteht.

☐ Ein guter Lehrer sieht in seinen Schülern Mitmenschen, die er ernst nimmt und deren Persönlichkeit er voll respektiert. Er stellt niemanden vor der Klasse bloß.

☐ Ein guter Lehrer gilt im Kollegium als freundlich, zuverlässig und hilfsbereit.

Es gibt viel zu tun, nix wie weg? Stufe 6

☐ Ein guter Lehrer führt mit den Eltern offene und ehrliche Gespräche.

☐ Ein guter Lehrer achtet auf Pünktlichkeit – nicht nur bei anderen, sondern auch bei sich selbst.

☐ Ein guter Lehrer kann Wissenslücken oder eigene Fehler zugeben. Er läßt andere Meinungen genauso gelten und kann gut mit Kritik umgehen.

☐ Ein guter Lehrer bemüht sich um größtmögliche Gerechtigkeit.

☐ Ein guter Lehrer kennt von seinen Schülern auch Stärken, die nichts mit seinem Unterrichtsfach zu tun haben.

☐ Ein guter Lehrer raucht nicht.

☐ Ein guter Lehrer legt Wert auf ein gepflegtes Äußeres. Er riecht gut und geht mit der Mode.

☐ Ein guter Lehrer erzählt seinen Schülern manchmal etwas aus seinem Privatleben oder über seine persönlichen Interessen.

☐ Ein guter Lehrer … !

Vielleicht siehst du jetzt, nachdem du so viele Vorstellungen von anderen Schülern gesehen hast, deine Lehrkräfte in einem etwas anderen Licht?

Einen wunderschönen Nachmittag wünsche ich dir!

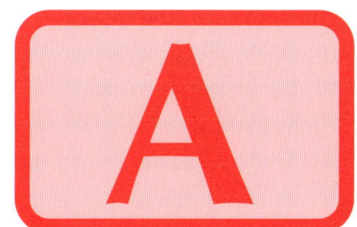

A

»Wen der liebe Gott besonders strafen will, dem schickt er einen bösen Nachbarn.« Dieser Satz fällt mir ein, wenn ich daran denke, wie manche Schülerinnen und Schüler unter ihrer Banknachbarschaft leiden. *(Punkt 4)* Natürlich sollte man bereit sein, mit allen möglichen Menschen zusammenzuarbeiten, aber wenn es nun mal nicht gutgeht und Abhilfe möglich ist, warum leidet man dann still vor sich hin? Kannst du mir, bitte schön, einen einzigen Grund sagen, der dich davon abhält, dich von deinem Nachbarn bzw. deiner Nachbarin wegzusetzen?

Ach, du meinst, die Lehrkraft läßt das nicht zu? Das ist schwach von der Lehrkraft, auch wenn ich verstehen kann, daß ein ständiges Hin- und Hersetzen einen Lehrer schon ziemlich verwirren kann. Denke mal selbst, wie viele Schüler und Schülerinnen so eine Lehrkraft in der Woche unterrichtet! Aber trotzdem ist das kein Grund, der dich von besseren Leistungen und vor allem von deinem Wohlbefinden abhalten darf! Also: Ein Gespräch mit dem Klassensprecher, den Eltern, dem Lehrer und notfalls dem Vertrauenslehrer schafft hier ganz schnell Abhilfe!

Tip 11

Von einem Nachbarn, mit dem ich mich nicht vertrage, setze ich mich weg!

... und dem Nachbarn oder der Nachbarin gegenüber rechtfertigst du dich ganz einfach mit deiner ehrlichen Meinung! Das bist du dir selbst schuldig, denn schließlich ist es deine Schulzeit, in der du etwas lernen willst, da ist eben (wenn auch durchaus leider) manchmal kein Platz für Gefühlsregungen. (... oder glaubst du, daß er bzw. sie für dich die Klasse wiederholt?)

Du hast keine Chance? ... nutze sie! Stufe 7

Wenn du an dieser Stelle angekommen bist, dann verstehst du vielleicht schon ein bißchen mehr, warum man mir den Spitznamen Motzi gegeben hat. Ich kann es einfach nicht lassen, meine Meinung zu sagen. Manchmal kostet das schon einige Überwindung, aber wenn ich der Ansicht bin, daß ich recht habe, vertrete ich meine Meinung ganz konsequent. Nicht immer mache ich mir damit Freunde, aber auf die Dauer hilft nur Power! Denke daran: Du hast schon gezeigt, daß du in der Lage bist, Leistung zu bringen, sonst wärst du gar nicht so weit, wie du jetzt bist!

Die Nummern 5, 6 und 7 aus unserer Liste lassen sich schön zusammenfassen:

Du hast Probleme, dem Unterricht, so wie er von der betreffenden Lehrkraft abgehalten wird, zu folgen. Meine Tips zu diesem Problembereich sind möglicherweise etwas ungewöhnlich, aber dafür bin ich ja bekannt.

● Versuche, dir eine Frage zu dem, was gerade erzählt oder erklärt wird, zu formulieren. Das kannst du natürlich nur, wenn du dem, was gerade so abläuft, auch gut zuhörst. Damit tust du etwas, was dich jetzt vielleicht ganz besonders erstaunt: Durch dein Zuhören motivierst du die Lehrkraft! Wenn sie merkt, daß man ihr gut zuhört und interessiert ist, dann wird sie sich bemühen, besonders gut zu sein. Außerdem ist es wichtig, daß

65

du die Frage, die du stellst, auch ernsthaft beantwortet haben willst. Du glaubst gar nicht, wie oft Schüler oder Schülerinnen Fragen stellen, nur um als interessiert zu gelten. Sie zeigen dann allerdings sehr deutlich, daß sie eine Antwort eigentlich überhaupt nicht wirklich erwarten, indem sie sich umgehend mit etwas anderem – zum Beispiel einem Gespräch mit dem Nachbarn – beschäftigen. Das stinkt dem Lehrer dann natürlich, und er reagiert dann recht rasch mit einem Abwinken oder einer eher unverständlichen Antwort.

Wenn du aber wirklich das Gefühl hast, daß du deine Frage nicht stellen darfst, schreibe sie dir auf, damit du sie vielleicht zu Hause oder einem Freund stellen kannst. Du erreichst außerdem damit, daß du dich selbst genauer mit dem Thema beschäftigst und kommst so vielleicht von alleine auf die Lösung.

● Vielleicht findest du aber auf die schon beschriebene paradoxe Art einen Weg, etwas mehr Gefallen an dem Fach zu finden. Das heißt, du steigerst dich in eine Beschimpfung über die Unfähigkeit der Lehrkraft, dir etwas zu erklären, hinein. Wichtig ist, daß du dabei wirklich so arg übertreibst, daß du schließlich feststellst: so schlimm ist es doch wieder nicht ist. (Das ist sehr wohl ein psychologischer Trick, kann aber hilfreich sein.)

● Gar nicht ungewöhnlich ist der Tip, dir jemanden aus deiner Klasse zu suchen, mit dem du zusammenarbeitest und der dir die offenen Fragen erklären kann. (Dazu gibt es noch einen Tip in der Stufe: »Alle mal herhören!«) ·

 Hast du Punkt 8 angekreuzt?

So, nun sind wir bei einem Punkt angelangt, der für dich vermutlich ganz arg wichtig ist: Du scheinst ja zu glauben, ein richtiger Versager zu sein! Du kannst lernen, was du willst, du checkst es einfach nicht! Vielleicht sagen dir das deine Eltern und Lehrkräfte zwischendurch immer wieder mal, damit du es wirklich glaubst.

Du hast keine Chance? ... nutze sie! Stufe 7

Das darfst du dir schon aus Prinzip nicht einreden lassen, und überhaupt, habe ich nicht vor kurzem erst klargestellt, daß du schon ganz schön etwas geleistet hast? Na also: *Ich kann lernen, was ich will.* So weit lasse ich die Aussage gerne gelten, aber ergänzen möchte ich sie mit dem Nachsatz: *... ich muß es nur richtig machen.* Da klingt der Satz doch gleich ganz anders, oder?

Zu diesem Bereich habe ich einen ganzen Sack voller Ratschläge, will mich jedoch auf ein paar wenige beschränken und auf »Das Anti-Pauk-Buch« aus dieser Lern-Trainer-Reihe verweisen – ein Werk, das schon für viele Schüler und Schülerinnen zum Rettungsanker wurde.

- Versuche, mit einem *Karteikasten* Vokabeln zu lernen; er vermittelt schnell Erfolgserlebnisse und ist auch als Übungskartei ausgezeichnet geeignet.
- Habe *Mut zur Lücke*: Suche die wichtigen Dinge heraus, schreibe sie auf einen »Spicker«, den du dann gar nicht brauchst (weil du es ja sowieso kannst).
- Denke an die richtige *Arbeitszeit* – und an die *dazugehörigen Pausen!*

Stufe 7 Du hast keine Chance? ... nutze sie!

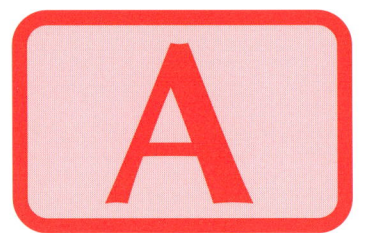

● *Ähnlich gelernt ist dämlich gelernt.* Lerne also nie zwei ähnliche Sachen hintereinander, weil so nur zu leicht die Gefahr besteht, daß du etwas verwechselst.

Eine Vielzahl von weiteren wirklich wertvollen und hilfreichen Tips findest du in dem von mir bereits angesprochenen Buch *Methodik*, besonders aber eben im *Anti-Pauk-Buch*, das sich fast ausschließlich mit dem Thema »Hilfen zum leichteren Lernen« beschäftigt.

Wahrscheinlich hast du jetzt den Kopf so voll mit neuen Ideen, daß es unbedingt nötig ist, eine Pause einzulegen! Belohne dich mit einem neuen Spruch, einem Plus in der Liste und zum Beispiel mit einem Schmatzriegel aus dem Kühlschrank. (Wenn das nicht die einzige Belohnung ist, die dir einfällt, ist auch dieser durchaus zwischendurch einmal angebracht.)

 Du fühlst dich alleine gelassen (Punkt 9)?

Schade ist es natürlich schon, wenn dir zu Hause gerade in diesem Fach niemand helfen kann, aber ist das wirklich ein Grund, die Lust daran zu verlieren? Du schaffst es doch in anderen Fächern auch, deine Sachen zu lernen, also muß es wohl eher an etwas anderem liegen und wir haken diese Antwort, wenn du sie angekreuzt hast, besser als kleine Ausrede ab. (Wir wollten doch ehrlich sein, oder?)

 Damit ich dir diesen Abschnitt nicht zweimal erzählen muß: Glaubst du nicht auch, daß die *Antwort mit der Nummer 13* ebenfalls gut in die Schublade mit den kleinen Ausreden paßt? Ich kenne keine Untersuchung, die beweist, daß Eltern, die in Mathe schlecht waren, auch Kinder haben, die in Mathe nichts bringen. Natürlich ist es gut möglich, daß sich im Laufe der Zeit durch Äußerungen deiner Eltern bei dir die Meinung festsetzt, eigentlich seien die Erbanlagen schuld, aber ist es wirklich wahr (oder ist es nur ganz praktisch?)? Darüber solltest du doch tatsächlich einmal nachdenken, denn wenn du zu der Ansicht kommen solltest, daß nicht etwa deine Eltern schuld sind, dann bist du ganz bestimmt ein ganzes Stück besser motiviert!

Du hast keine Chance? ... nutze sie! Stufe 7

Machen wir uns also lieber über einen Block möglicher Antworten her, die meiner Meinung nach wirklich ziemlich viel über deine Situation aussagen, und an denen wir ordentlich etwas arbeiten – also ändern – können!

Ich bin nämlich der Ansicht, daß sich die *Antworten 10, 11 und 12* gut in einem einzigen Satz zusammenfassen lassen: Dir geht es nicht gut, wenn du nur an das Fach Mathematik denkst. Auch hier ist zunächst wichtig, daß du dir über diese Tatsache im klaren bist und weißt, daß es (vielleicht unter anderem) etwas mit einer gewissen Angst vor den Anforderungen in dem Fach zu tun hat.

Ich bin der Überzeugung, daß sich wieder einmal die berühmte Schraube gedreht hat.

Du hast irgendwann irgendetwas nicht so recht verstanden – die geforderte Leistung konntest du deshalb nicht bringen – das hat dir die Freude vertrieben – du hast keine Lust mehr, dich besonders hineinzusteigern – die Lehrkraft hat auf dir herumgehackt (du hast es zumindest so empfunden) – das nervt dich – du schaltest innerlich ab – du verstehst nur noch Bahnhof – die Schulaufgaben werden immer schwerer – die schlechten Ergebnisse lassen eher Frust aufkommen – ...Soll ich noch drei Seiten weitererzählen? Du siehst, das ist ein Teufelskreis, aus dem du an einer Stelle ausbrechen mußt. Das dürfte in diesem Fall am leichtesten (wenn man überhaupt von leicht sprechen kann) an der Stelle des Abschaltens passieren.

Du hast keine Chance? ... nutze sie!

Also nimm dir als ersten Schritt vor, dich aktiv am Unterricht zu beteiligen. Du wirst sehen, daß dir das innerhalb kürzester Zeit das Gefühl vermitteln wird, daß du doch mehr checkst, als du bisher geglaubt hast. Wenn dann eine Klassenarbeit (Schulaufgabe) ansteht, hilft auf jeden Fall folgender Spruch , den du dir übrigens am besten auch gleich auf dein Federmäppchen klebst:

> **Auch wenn ich nicht alles weiß, so weiß ich doch,**
> **daß ich eine Menge weiß!**

Es kann einfach gar nicht sein, daß in einer Probearbeit nur Dinge gefragt werden, von denen du überhaupt keine Ahnung hast. Ein Blick auf den Spruch während der Arbeit – ganz gleich, ob zu Hause oder in der Schule – baut dich sicher wieder ein wenig auf, und es geht leichter weiter.

 Zum guten Schluß unseres Besuches in der Werkstatt fehlt uns jetzt noch die *Antwort 14*, die du eventuell angekreuzt hast. Diesen Punkt mag ich ganz besonders gerne, denn da kann ich mich so richtig schön aufregen, wenn ich so etwas höre. Ich habe nämlich noch nie etwas Langweiliges erlebt!

Was heißt hier, »das glaubst du ja selber nicht!« Du willst doch wohl nicht behaupten, daß ich dich anlüge? Ach, du denkst, »der war halt noch nicht bei Herrn oder Frau ... im Matheunterricht.« Da magst du wohl recht haben, aber das heißt gar nichts!

Langeweile, das bedeutet doch, daß nichts, aber auch gar nichts Interessantes zu finden ist. Und das kann mir niemand weismachen, daß es in einem Fach keinen Bereich gibt, der nicht auf irgendeine Art beachtenswert ist. Wir sind nur leider viel zu schnell bereit, festzustellen, daß uns etwas nicht interessiert. Bestimmt ist es dir beim Fernsehen auch schon so ergangen: Du schaltest ein Programm ein und glücklicherweise verfügst du über eine Fernbedienung, denn

Du hast keine Chance? ... nutze sie! Stufe 7

nach kürzester Zeit stellst du fest: »Boh, ist das langweilig!« Oft brauchst du dazu vielleicht sogar nur drei oder vier Sekunden! Das ist nicht fair! Du gibst der Sendung doch gar keine Chance, sich dir darzustellen, sondern entscheidest auf den ersten Blick über die Qualität und darüber, ob es dich interessiert.

Laß uns einen kleinen Versuch machen: Ich zeige dir ein kleines Bild und du entscheidest, ob es für dich etwas aussagt oder ob es sich um eine uninteressante Ansammlung von schwarzen und weißen Flecken handelt.

Du hast keine Chance? …nutze sie!

Und? Was sagst du dazu? Auf den ersten Blick kommst du ganz sicher zu dem Schluß, du könntest mit diesem Gekleckse nichts besonderes anfangen. Wieviel Zeit hast du denn dafür verwendet? Hast du dem Bild – und es ist wirklich eines! – eine Chance gegeben, etwas auszusagen? Wenn ja, dann hast du es vermutlich von allen Seiten betrachtet, hast es gedeutet und vielleicht auch verschiedene Möglichkeiten entdeckt, etwas zu erkennen.

> **Tip 13**
>
> **Ich nehme mir Zeit, mich auf etwas einzulassen. So gebe ich mir selbst und dem Gegenstand eine Chance.**

Wenn nein, dann schau es dir ruhig noch einmal in Ruhe an. Als kleinen Tip kann ich dir geben, daß du es weder umdrehen, noch spiegelverkehrt oder sonst irgendwie halten mußt. Laß es auf dich wirken, und wenn du wirklich keinerlei Gegenstand (das ist ein versteckter Tip) erkennen kannst, dann denke beim genauen Hinschauen an Kohlen, an Männer, die ganz schwarz im Gesicht sind und an ein meistens unpünktliches Verkehrsmittel. Bist du jetzt darauf gekommen? (Nein? Dann sieh auf der Lösungsseite nach!)

Du hast bestimmt bei deiner Entdeckung eine tolle Erfahrung gemacht: Als du gesehen hast, daß es sich um eine . . . . . handelt, hast du »Aha!« oder »Ahhh!« oder etwas ähnliches gerufen (zumindest innerlich) und dich dabei richtig gut gefühlt. Du hast entdeckt: »Ich hab's!« Dieses Gefühl gibt dir Selbstvertrauen und spornt dich an, weiterzumachen. Du hast damit den Teufelskreis Langeweile, Mißerfolg, Unlust… allein damit durchbrochen, daß du dir und dem Bild (in der Schule ist es das Fach, der Lehrer, der Lernstoff) eine Chance gegeben hast. Diese Chance habt ihr dann beide genutzt!

Du hast keine Chance? ... nutze sie! Stufe 7

Natürlich kann als Folge dieser Erkenntnis nicht herauskommen, daß du ab sofort alles nur noch toll findest. Das wäre ein Anspruch, dem wir nicht gerecht werden können. Aber wir müssen bereit sein, allem, was uns begegnet, offen entgegenzutreten. Dann können wir uns eine Meinung bilden, und es ist dabei nichts Schlechtes, wenn du zu dem Schluß kommst, daß dich eine Sache nicht interessiert; es wird dich eher auszeichnen, daß du erst zuhörst, dir ein eigenes Urteil bildest und im Anschluß daran auch zu deiner Entscheidung stehst.

Zu diesem Abschnitt findest du sicher einen tollen Aufkleber für das A-Feld auf der nächsten Seite! Du hast nämlich wieder einmal genug gelesen und gearbeitet. Wenn du Lust hast, beschäftige dich noch ein wenig mit der Übungsseite und dann nimm dir am besten vor, erst mal eine etwas längere Pause zu machen – ich befürchte nämlich, daß es dir sonst zuviel wird. Versuche, die bisher geschafften Schritte in deinem Schulalltag umzusetzen. Auf der nächsten Stufe möchte ich mit dir noch über eine weitere ganz wichtige Möglichkeit – vielleicht sogar Notwendigkeit – sprechen, die dir dann den ultimativen Kick für deine Motivation geben könnte.

Also viel Spaß und bis demnächst – ich freu' mich schon darauf! ... Du meinst, jetzt wird meine Vergeßlichkeit langsam bedenklich? Tja, man wird halt alt! Pluspunkte gibt es natürlich auch in dieser Stufe: Insgesamt sind es diesmal? (Denkarbeit/Bereitschaft zur Offenheit im Unterricht/Übungsseite) Schön rechnen – schaffst du das?

Die Übungsseite

Ich habe da noch so ein lustiges Bildchen für dich, und meine Frage dazu lautet:

»Zu welchem Volksstamm gehört die Person, die du siehst?« Laß dir Zeit! (Umdrehen, auf den Kopf stellen und andere seltsame Betrachtungsverfahren sind nicht erforderlich!)

Lösung auf Seite 118.

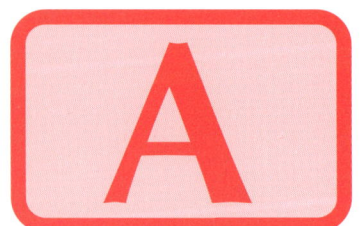

Halli, hallo, schön, daß du wieder da bist! Ich hoffe, du hast weitere Erfolge erzielen können. Vielleicht geht es dir ja inzwischen schon viel besser in Sachen Schule – das würde mich natürlich ganz besonders freuen!

Zum Abschluß des letzten Kapitels habe ich dir versprochen, daß ich dir Hinweise für den ultimativen Kick zur Motivation geben möchte. Dazu habe ich in einem Buch, das du bestimmt auch kennst, eine ganz tolle Geschichte gefunden, die ich dir zunächst erzählen will:

»Manchmal hat man eine sehr lange Straße vor sich. Man denkt, die ist so schrecklich lang; das kann man niemals schaffen, denkt man.« (...)»Und dann fängt man an, sich zu eilen. Und man eilt sich immer mehr. Jedesmal wenn man aufblickt, sieht man, daß es gar nicht weniger wird, was noch vor einem liegt. Und man strengt sich noch mehr an, man kriegt es mit der Angst, und zum Schluß ist man ganz außer Puste und kann nicht mehr. Und die Straße liegt immer noch vor einem. So darf man es nicht machen.«

Er dachte einige Zeit nach. Dann sprach er weiter: »Man darf nie an die ganze Straße auf einmal denken, verstehst du? Man

muß nur an den nächsten Schritt denken, an den nächsten Atemzug, an den nächsten Besenstrich. Und immer wieder nur an den nächsten.«

Wieder hielt er inne und überlegte, ehe er hinzufügte: »Dann macht es Freude; das ist wichtig, dann macht man seine Sache gut. Und so soll es sein.«

Und abermals nach einer langen Pause fuhr er fort: »Auf einmal merkt man, daß man Schritt für Schritt die ganze Straße gemacht hat. Man hat gar nicht gemerkt wie, und man ist nicht außer Puste.« Er nickte vor sich hin und sagte abschließend: »Das ist wichtig.«

Hat dir diese Geschichte gefallen? Du weißt natürlich schon, daß dieser Ausschnitt aus dem Buch »MOMO« von Michael Ende stammt, aber kannst du dir auch vorstellen, was ich damit sagen will?

Der Straßenkehrer ist ein unglaublich gescheiter Mann, der in seiner Weisheit der kleinen Momo das Bild einer tollen Motivationshilfe gegeben hat. Er rät ihr, die Straße nicht in ihrer ganzen Weite zu betrachten, sondern sie in Abschnitte einzuteilen, die überschaubar sind und nach Erledigung Stück für Stück ein Erfolgserlebnis schenken. Es ist übrigens ganz einfach, diesen Rat des Straßenkehrers für deine Situation anzuwenden. – Nein, nein, ich empfehle dir nicht, die Schule sausen zu lassen und Straßenkehrer zu werden, auch wenn das manche Lehrer und Eltern manchmal tun – du kannst deine Arbeit doch ebenso einteilen, wie das der alte Straßenkehrer getan hat. Ganz sicher hast du das schon in anderen Situationen ausprobiert:

Ein kleines Beispiel gefällig? – Aber ja doch! In deiner Freizeit fährst du vielleicht manchmal mit dem Fahrrad eine weitere Strecke – zum Beispiel zu einem guten Freund oder einer guten Freundin. An Tagen, an denen dir das eher lästig ist, teilst du dir die gesamte Strecke in Gedanken in kleine Etappen ein. Jedesmal, wenn du ein Teilstück geschafft hast, freust du dich über deinen kleinen Erfolg – also darüber, daß du wieder etwas geschafft hast – und machst den nächsten Punkt aus, den du erreichen willst. Bei mir führt das manchmal sogar soweit, daß ich mich bei starkem Gegenwind (den ich entsetzlich hasse!) sogar »hundert-Tritt-weise« fortbewege; das heißt, ich nehme mir 100 Umdrehungen der Pedale vor. Damit lenke ich mich von dem Übel etwas ab, habe eine feste Vorstellung von dem, was ich erreichen will und freue mich jedesmal wie ein kleiner Schneekönig, wenn ich es geschafft habe. Auf diese Weise merkst du fast überhaupt nicht, wie du »plötzlich« bei deinem Freund oder deiner Freundin vor der Haustür stehst.

Ein anderes, sicher auch bekanntes Beispiel ist das Schreiben eines Aufsatzes, von dem du weißt, daß er mindestens vier (fünf, sechs, sieben…?) Seiten lang werden soll. Beobachte dich einmal selbst dabei, wie oft du dir so ähnliche Sätze denkst wie: »na ja, noch drei Zeilen, dann hab ich schon die Hälfte«. Das baut dich auf und macht es dir (meist) leichter, die nächsten Zeilen zu verfassen.

Ganz deutlich wird es vor allem beim Lesen eines dicken Buches (oder eines besonders langen Kapitels): Sicher denkst du, wenn du

anfängst zu lesen, daß das wohl ewig dauern wird, bis du dich da durch»gefressen« hast. Wenn es sich dabei um ein recht spannendes Buch oder Kapitel handelt, kannst du es kaum noch weglegen, und vielleicht liest du ja dann sogar noch mit der Taschenlampe unter der Bettdecke weiter. Wehe aber, wenn du dich durch ein nicht ganz so aufregendes Werk kämpfst oder kämpfen mußt! Blätterst du da nicht auch manchmal weiter, um nachzusehen, wie lang das Kapitel, das du gerade liest, noch ist? Und trotzdem: Nach ein paar Tagen bist du plötzlich fast am Ende des Buches angelangt, und die letzten Seiten lesen sich dann wie von selbst. Vielleicht wunderst du dich sogar, daß du es schon geschafft hast.

Du merkst schon, wir sind mittendrin im Schulalltag: Aufsatz oder Buch lesen, das müßte dir doch sehr bekannt vorkommen. Wenn nun also die Technik des Aufteilens in der Freizeit oder auch bei Dingen funktioniert, die du außerhalb der Schulzeit anpackst, warum sollte das ausgerechnet bei Hausaufgaben oder Arbeiten in der Schule anders sein? Deshalb dazu folgenden Tip:

Tip 14

Ich teile mir die Arbeit in Teilstücke; so habe ich viele Erfolgserlebnisse, die mich motivieren.

Nun erwartest du bestimmt, daß ich dir noch einige handfeste Beispiele gebe, wie und wo du diesen Tip in die Tat umsetzen könntest. Das ist natürlich richtig, aber…zuerst heißt es selbst nachdenken! Ein kleiner Rat dazu, der die Form des Arbeitens betrifft: Denke mal im Gehen nach, so wie es schon die alten Griechen, Römer oder auch die Mönche getan haben. Du glaubst gar nicht, wie toll einem da die Gedanken in den Kopf kommen!

78

Organisation ist (fast) alles! Stufe 8

Also: Aufstehen und langsam im Zimmer auf- und abgehen. Vorsicht! Lauf nicht gegen die Wand oder gegen irgendwelche hinderlichen Ecken.

> **Schlurf, schlurf, denk, knister, rauch, qualm…**
> **Wo kann ich meine Arbeit in Etappen einteilen?**

Ich habe schon gedacht, du kommst gar nicht mehr wieder. – Anscheinend hat es dir Spaß gemacht, und du hast wahrscheinlich noch viel mehr Beispiele gefunden, als ich hier aufzählen kann:

- Beim Lernen von Vokabeln: Hier lassen sich ganz besonders gut Zehnerpäckchen lernen!
- Beim Übersetzen eines Textes: Du kannst dich von Abschnitt zu Abschnitt durch»hangeln«.
- Beim Lösen von Mathematikaufgaben: Die Aufgaben lassen sich naturgemäß leicht aufteilen.
- Beim Verfassen eines Referates: Du kannst einzelne Schwerpunkte ausarbeiten und sie dann am Schluß sinnvoll verbinden.
- Nicht lachen! Beim 1000-m-Lauf: Wie bei der Radfahrstrecke kannst du dich von Runde zu Runde weiter»retten«.
- Schließlich noch während nicht besonders interessanter Unterrichtsstunden (soll es ja geben, hihihi): Du kannst dir Zeitabschnitte festsetzen, in denen du besonders aufmerksam sein willst. (Ein toller Trick hierfür: Achte mal darauf, wie viele Sätze die Lehrkraft ganz zu Ende spricht. – Du wirst dich wundern!)
- Hier kommt noch ein bißchen Platz für deine eigenen Einfälle (ich weiß schon, daß er nicht unbedingt ausreicht, aber du sollst auch nicht übertreiben):

. . . .
. . . .
. . . .

79

Stufe 8 Organisation ist (fast) alles!

In diesem Zusammenhang fällt mir noch einer der wichtigsten Punkte überhaupt ein, wenn von Einteilungen gesprochen wird. Wie sieht es denn mit deiner Zeiteinteilung aus?

Es könnte ja sein, daß du dir über diese Frage noch nie so richtig Gedanken gemacht hast und deshalb viel Zeit mit deinen Hausaufgaben und Verpflichtungen während der Freizeit verbringst und darunter leidest, daß du eigentlich nie Zeit für dich selbst hast. Ich glaube, daß eine gehörige Portion Motivation auf der Strecke bleibt, wenn du ständig arbeiten mußt und nie Zeit für erfreuliche Dinge hast. Deshalb ein Vorschlag, der zunächst den Anschein erweckt, noch mehr Zeit zu kosten (täglich drei bis vier Minuten), dir aber sichtbaren und auch spürbaren Erfolg verschafft!

Nimm dir vor, eine Woche lang deine Nachmittage schriftlich zu planen. Dazu kannst du natürlich einen Terminplaner oder einen Lerntimer verwenden; du kannst aber auch folgendermaßen vorgehen: Alle Tätigkeiten, die du am Nachmittag zu erledigen hast, schreibst du auf kleine Notizzettel und heftest diese nebeneinander an eine Pinnwand. (Du hast doch eine im Sichtfeld des Arbeitsplatzes? – Das wäre sehr von Vorteil, weil du sie vielfältig nutzen kannst! Wenn dir keine Pinnwand zur Verfügung steht, dann klebe die Zettelchen einfach mit ganz kurzen Klebstreifen an den Kleiderschrank oder an die Wand vor deinen Augen.)

Halt! Es reicht nicht, einfach nur »Hausaufgaben« zu schreiben! Du mußt schon für jede einzelne Aufgabe einen eigenen Zettel verwenden! So erhältst du einen guten Überblick über das, was dich erwartet, oder was du dir vorgenommen hast und kannst nun gut sortieren, in welcher Reihenfolge du deine Arbeiten erledigen willst und sogar eine Zeitvorgabe festlegen.

Ich weiß sehr wohl, daß das nach viel Arbeit riecht, wenn du es aber ausprobierst, wirst du feststellen, daß es nicht nur gar nicht schlimm ist, sondern, daß du auf diese Weise deine Arbeit ganz toll organisieren kannst. Du hast außerdem den unschätzbaren Vorteil,

Tip 15

Ich plane meinen Nachmittag schriftlich auf kleinen Notizzetteln.

dich auch sichtbar motivieren zu können: Du siehst nämlich, was du geschafft hast und kannst deshalb immer dann, wenn du etwas erledigt hast, den Zettel abnehmen oder herunterreißen und ihn in den Papierkorb werfen. Das Gefühl, das du beim Zerknittern des »Wisches« mit der erledigten Arbeit hast, wird dich ziemlich sicher dazu anregen, weiterzumachen, um weitere Erfolge zu erzielen (und wenn es nur die Vorfreude auf das nächste Knüllgeräusch ist)!

Tip 16

Ich organisiere meine Arbeit; so verschaffe ich mir viele Erfolgserlebnisse.

Also, nochmals von vorn und ganz langsam zum Mitdenken: Ich würde mich freuen, wenn du gerade diesen Tip möglichst schnell in die Tat umsetzen könntest. Ich verspreche mir davon nämlich einen großen Erfolg (für dich!) und hoffe, daß du dann mit noch mehr Freude die nächsten Stufen bearbeitest. Ich betrachte das als großes Lob für mich, und mir macht es dann natürlich noch mehr Freude, dich begleiten zu dürfen!

Außer den inzwischen redlich verdienten Pluspunkten

+ für das Lesen,
+ das Anschaffen einer Pinnwand
+ und die Erledigung der nächsten Aufgabe

gibt es natürlich eine Übungsseite, die… aber das schaust du dir am besten selbst an!

Die Übungsseite

Weißt du eigentlich, was »ultimativ« bedeutet? – Ja?

Das ist ja toll, dann schreibe doch gleich mal eine Erklärung auf einen Notizzettel.

Jetzt schau aber bitte trotzdem noch in einem Fremdwörterbuch oder Duden nach oder frage jemanden, der es wissen sollte. Im Anschluß daran schreibst du die Erklärung bitte ebenfalls auf den Notizzettel.

Behaupte aber bitte nicht, du hättest kein entsprechendes Nachschlagewerk und würdest niemanden kennen, der dich aufklären könnte. Das hieße ja wohl, sich die Sache etwas zu leicht zu machen, und ich erinnere mich, glaube ich, richtig, daß wir anfangs ausgemacht hatten: Ganz ohne eigene Anstrengung geht es nicht!

Außerdem: Es regt die Motivation an, wenn man sich als Fachmann oder Fachfrau fühlen kann. Hast du dir vielleicht schon öfter zusätzliche Informationen geholt (das wäre absolute Spitzenklasse)?

Mache dich doch bitte schlau:
● In welchem Zusammenhang wird das Wort gebraucht?
● Welche anderen, davon abgeleiteten Wörter gibt es dazu?
● Wo habe ich dieses oder ein ähnliches Wort schon einmal gehört?

 Entscheide bitte jetzt, ob ich den Ausdruck richtig verwendet habe!

Lösungen auf Seite 118.

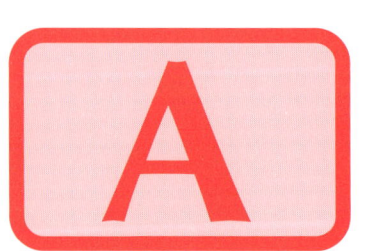

Stufe 9 **Gut gezielt – ist halb getroffen**

Nimmst du mich wieder mit? Ich verspreche auch, nur noch richtige Wörter an der richtigen Stelle zu verwenden! Es klang halt so schön wichtig und toll, da habe ich mir gedacht, vielleicht merkt es ja keiner!

Gerade in diesem Kapitel ist es aber besonders wichtig für uns beide, sorgfältig mit den richtigen Worten umzugehen, damit kein Mißständnis entsteht. Das »sorgfältig umgehen« meine ich in zweifacher Hinsicht:

● in der Wahl des richtigen Wortes am richtigen Ort;
● in der Wahl des richtigen Wortes, um etwas zu erklären.

Fangen wir ganz praktisch (handgreiflich?) an: Nimm dir bitte eine Postkarte oder einen anderen dünnen Karton, der sich gut zerschneiden läßt und zerschneide ihn bzw. sie in insgesamt elf möglichst gleich große Teile. (Ich bin ja gespannt, wie du dieses Problem löst!) Auf die so entstandenen Kärtchen schreibst du nun bitte folgende Wörter:

kennt,	nicht	günstig!	Wer	Wind
ist	kein	den	für	Hafen	den

Achte darauf, daß du die Satzzeichen und die Großschreibung eines ganz bestimmten Wortes dazu notierst, denn sie werden dir eine große Hilfe sein, wenn du aus diesen Wortkärtchen jetzt einen sinnvollen Satz bildest.

Stufe 9 Gut gezielt – ist halb getroffen

Ich weiß leider nicht, von wem dieser in meinen Augen wunderschöne Satz stammt; er gefällt mir aber deshalb so außerordentlich gut, weil er die eigentlich stärkste Antriebsfeder in unserem Innersten toll deutlich macht!

Vielleicht bist du ja jetzt ein klein wenig beleidigt, weil ich so davon ausgehe, daß du selbstverständlich den richtigen Satz zusammengebaut hast. Das traue ich dir einfach zu! (Allerdings habe ich ihn, wenn du vorsichtshalber nachsehen willst, natürlich auf der Lösungsseite aufgeschrieben.)

Es ist wirklich so, wie es jetzt vor dir liegt: Wenn du nicht genau weißt, wohin du eigentlich willst, dann kommt sicher immer ein Tiefschlag, der dich noch mehr verunsichert, und wie ein Boot ohne Ruder dümpelst du in der Gegend herum und weißt nicht, was du da sollst, wo es dich gerade hintreibt. Eine ganz logische Forderung muß also sein, sich ein Ziel zu setzen.

Wieder einmal höre ich dich sagen: »So ein Quatsch, ich weiß doch, was ich will!« Vielleicht denkst du dabei an das Abitur, den Realschul- oder den Hauptschulabschluß oder sogar schon an einen Berufswunsch. Toll, wenn du schon so eine feste Vorstellung hast! Aber Hand aufs Herz: Hat dich das bisher dazu angetrieben, deine Englisch-, Latein- oder Französischvokabeln zu lernen oder deine Mathehausaufgaben zu machen? Siehst du – das habe ich mir fast gedacht, dir geht es da nicht anders als allen anderen Menschen auch. Die meisten »hangeln« sich nämlich bei ihren Arbeiten genauso voran, wie es der alte Straßenkehrer erzählt hat – nur merken sie es meistens nicht mehr, weil ein erfolgreiches Verfahren ganz automatisch immer wieder neu eingesetzt wird.

Natürlich ist es richtig und auch wichtig, ein gutes Fernziel zu kennen, denn nur so kann es gelingen, den Weg dorthin gut zu planen. Mit Hilfe einer kleinen Bildgeschichte möchte ich dir verdeutlichen, wie ich das meine:

84

Gut gezielt – ist halb getroffen

Du kannst an diesen beiden Bildern recht schön erkennen, wie es mir geht, wenn ich ein tolles Ziel habe, das aber in weiter Ferne liegt, das ich also zu hoch gesteckt habe. Ich versuche zwar mit viel Schwung, den großen Sprung zu schaffen, aber nach einigen Versuchen, die erfolglos enden (müssen!), liege ich enttäuscht – man nennt das auch frustriert – auf der Nase. Das einzige meßbare Ergebnis besteht darin, daß ich überhaupt nichts erreicht habe! Unter Umständen rede ich mir dann sogar ein, daß ich ein Versager bin, obwohl das ja nicht stimmt, denn so eine hohe, glatte Hürde kann ich eben nicht auf einmal bezwingen! Und hier mein Alternativvorschlag:

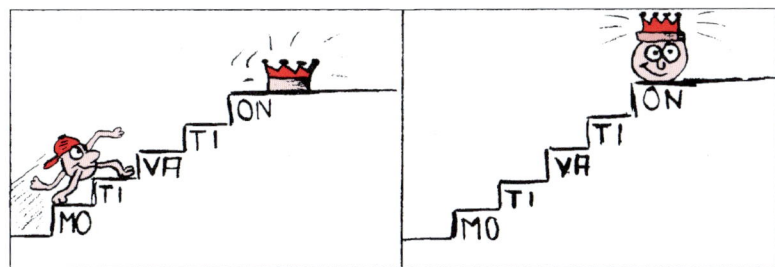

Zerlege ich meinen Weg in Etappen (darüber haben wir ja im vorherigen Kapitel gesprochen), die ich jetzt Teilziele nennen möchte, dann schaffe ich es zwar auch nicht ohne Anstrengung, aber die Stufen sind leistbar! Jedes erreichte Teilziel ist ein Erfolg für mich und steigert meine Motivation, weiter hinauf zu klettern und meinem Hauptziel näher zu kommen.

Stufe 9 Gut gezielt – ist halb getroffen

> **Tip 17**
>
> **Ich teile mir den Weg zu meinem Ziel in Teilziele auf.**

Ach, du willst es noch etwas handfester gezeigt bekommen?

Stell dir vor, du hast in Mathe (Englisch, Latein, …) im Halbjahreszeugnis tatsächlich eine Fünf bekommen. Da du natürlich besten Willens bist, setzt du dir zum Ziel, diesen Mißstand gründlich abzuschaffen. Wenn du dir nun vornimmst, ab sofort nur noch Einser zu schreiben, kann ich dir – ohne Hellseher zu sein – vorhersagen, daß du mit diesem Vorsatz scheitern wirst. Viel erfolgversprechender ist es, als Ziel bis zum Jahreszeugnis die Verbesserung auf die rettende Vier schaffen zu wollen. Auf längere Sicht eine Zwei oder sogar eine Eins anzupeilen, ist dabei die ideale Voraussetzung, um zum Erfolg zu kommen. Was meinst du, wie dich das motiviert, wenn du plötzlich feststellst, daß du dein Ziel gut erreicht hast!

Als Beispiel, das dir die Motivationstreppe für die tägliche Arbeit schmackhaft machen soll, verweise ich auf das vorhergehende Kapitel, in dem wir über die Tagesorganisation gesprochen haben: Aufgaben und Arbeiten, die in Abschnitte aufgeteilt werden, die in überschaubarer Zeit erledigt werden können (am besten so um die 30 Minuten), schaffen neue Motivation für weitere Arbeiten!

Auch heute sollst du wieder ein wenig über dich nachdenken; deshalb habe ich einen Fragebogen zusammengestellt, mit dem du dir einige deiner Ziele vor Augen führen kannst. Ich bin mir sicher, daß du die eine oder andere Frage noch nicht beantworten kannst; es müßte dir jedoch um so leichter fallen, je weiter du kommst.

Beachte bitte, daß nicht nur schulische, sondern alle Ziele wertvoll sind – also auch die aus dem Bereich deiner Hobbies!

Gut gezielt – ist halb getroffen

Ziele klären

● Was will ich einmal werden?

. . . .

● Welchen Schulabschluß will ich erreichen
(mit welchem Notendurchschnitt?)

. . . .

● Was will ich in den nächsten drei Jahren erreichen?

. . . .

● Was will ich im nächsten Jahr erreichen?

. . . .

● Was will ich im nächsten Halbjahr erreichen?

. . . .

● Was will ich im nächsten Monat erreichen?

. . . .

● Was will ich nächste Woche erreichen?

. . . .

● Was will ich in den nächsten drei Tagen erreichen?

. . . .

● Was will ich morgen erreichen?

. . . .

> Ja, ja, da raucht der Kopf und qualmt der Socken, wenn der Motzi alles so genau wissen will!

Ein so kurzes Kapitel – sorry, eine so kurze Stufe – ist genauso wertvoll wie eine große! Also gibt es auch ebenso Pluspunkte:

+ für die Arbeit selbst;
+ für die Selbstbeobachtung;
+ für die Übungsphase;
+ …und genau da geht es jetzt hin – für die Übungsseite!

Die Übungsseite

Heute sollst du in dich gehen (oder aus dir heraus?): Wähle bitte zwei Fächer aus, die dich derzeit nicht so besonders begeistern. Für beide machst du dir einen Plan, der etwa so aussehen sollte:

Fach	Beispiel: Mathe		
Fernziel	Note 3		
Teilziel 1	nächste Woche dreimal drankommen		
Teilziel 2	nächste Aufgabe mit 4		
Teilziel 3	seinetwegen nicht durchfallen		
Teilziel 4	die 4 im Halbjahreszeugnis fest		
Teilziel 5	im Jahreszeugnis fast die 3		
Teilziel 6	alles unter 3 ist schlecht		
Teilziel 7			
Teilziel 8			

Baue dir also eine Teilzielstrecke – bedenke dabei, daß die Stufen wirklich erreichbar sein müssen! Lege dabei einen Zeitpunkt fest, bis wann du das jeweilige Teilziel erreichen willst!

Also: Das macht Sinn! Ran an den Speck!
Viel Spaß und viel Erfolg!

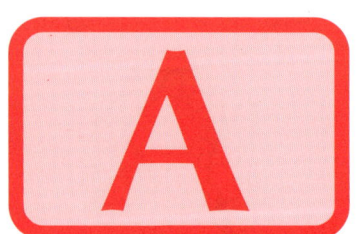

Stufe 10 **Vertragt Euch!**

Na, wie geht es dir heute? Bist du in dich gegangen und dir dabei über deine Ziele klar geworden? Wenn du nun noch einmal kurz zurückdenkst, was du schon alles gelesen und gearbeitet hast – und das ist wirklich eine ganze Menge, Kompliment! – dann kommt dir vielleicht ein Gedanke, warum du in diesem Buch nicht von Kapitel zu Kapitel, sondern von Stufe zu Stufe arbeitest. Ich habe nämlich versucht, für dich eine kleine Motivationstreppe zu basteln. Ich halte sie für den wichtigsten Teil in dem Bestreben, die Motivation zu erhöhen und habe deshalb auch noch einen tollen Spruch (von dem ich wieder nicht weiß, wer ihn gesagt hat) für dich aufgeschrieben. Wenn du ihn auf ein großes Plakat schreibst, das du an deine Türe hängst, kann er dir als Motto ganz gute Dienste leisten:

> **Zum Erfolg gibt es keinen Aufzug,
> man muß die Treppe nehmen!**

Inzwischen haben wir uns ja schon recht gut kennengelernt und ich bin so zu der Überzeugung gekommen: Wer so wie du so weit mit diesem Buch gearbeitet hat, der hat wirklich großes Interesse daran, seine Motivation zu steigern und sucht noch ein paar weitere Tips, wie es in der Schule damit gut funktionieren könnte. Keine Angst, es gibt noch viele Möglichkeiten und auch Tricks, mit denen du dich vielleicht ein klein wenig selbst überlisten könntest.

Stufe 10 **Vertragt Euch!**

Ich fange mit einem Trick an, der dir helfen soll, deine festen Vorsätze, die du gefaßt hast, wirklich in die Tat umzusetzen. Sicher ist es dir schon mal so gegangen wie mir: Ich höre etwas Neues, von dem ich überzeugt bin und nehme mir sofort vor: »Das mache ich auch!« Doch wenn es dann soweit ist, die Sache anzugehen, fallen mir alle möglichen und unmöglichen Ausreden (teilweise der übelsten Art) ein, um es doch nicht tun zu müssen. Manchmal vergesse ich ganz einfach wieder, was ich mir vorgenommen habe oder bin einfach zu bequem, meinen alten Trott aufzugeben und ändere ganz schnell meine Einstellung zu der »angeblich« so tollen neuen Idee. Wenn ich das merke – und dann ärgere ich mich ganz schön über mich selbst – setze ich mich hin und schließe mit mir selbst einen *Vertrag*.

Das muß gar nicht so ein offiziell aussehendes Blatt sein wie das, das du hier ganz klein abgedruckt siehst. (Du findest übrigens am Ende des Buches eine schöne kopierfähige Vorlage, wenn du dir nicht selbst eine solche entwerfen möchtest, was natürlich einen noch viel persönlicheren Charakter hätte.) Wenn du erst Gefallen an einem solchen Vertragsabschluß und dem sich daraus ergebenden Erfolg gefunden hast, wirst du auf jeden Fall mehrere Exemplare benötigen; handle also nicht voreilig mit dem Ausfüllen, damit du keine doppelte Arbeit (oder aber Ausrede) hast!

Plauz, pardauz, da kommen mir ja gleich zwei Tips in den Sinn!

Lernvertrag
_____
_____
_____
_____
....
Ort, Datum
....
Unterschrift

> **Tip 18**
>
> *Ich überlege erst, was ich mache, denn ich spare mir so unnötige Arbeit.*

90

> **Tip 19**
>
> *Ich schreibe mir meinen neuen Vorsatz auf, weil ich mich dann fester gebunden fühle.*

Das sind natürlich zunächst große Worte, aber ohne einen praktischen Versuch bleibt es ziemlich fade. Was also fällt dir spontan ein, wie dein erster »Lernvertrag« aussehen könnte? Nimm dir bitte ein Blatt und verfasse einen »Mustervorschlag«, der sich aber bereits mit deiner jetzigen Situation befaßt. Noch genauer: Denke nach, was du dir vornehmen kannst und willst, dann schreibe es auf.

Bedenke bitte, daß sich das Leben nicht nur um die Schule dreht, sondern auch noch viele andere wunderschöne Seiten hat, in denen du sicher Ziele hast!

Arbeitspause!

Ich hoffe, dir ist ganz schnell eine gute Idee gekommen und du mußtest nicht zuviel nachdenken!

Jetzt habe ich erstmal ein relativ schlechtes Gewissen, denn ich habe dir nicht verraten, daß ich eigentlich noch so einiges mehr zum Thema »Lernvertrag« zu erzählen habe! Natürlich war das Absicht; ich wollte dich nämlich zuerst selbst arbeiten lassen, um dir dann anhand deines eigenen Vertrages aufzuzeigen, wie so ein »Lernvertrag« aussehen sollte und dir dabei auch gleich die jeweiligen Begründungen geben. Sei mir also bitte nicht (arg) böse; ich will und werde dich nicht kritisieren. Du konntest nämlich gar nichts falsch machen – aber es gibt Möglichkeiten, die dich noch

sicherer an dein Ziel führen können, indem sie die Wirksamkeit des Vertrages erhöhen. »Puh, da hab ich die Kurve aber gerade noch mal gekriegt!« Also: Damit du wirklich Erfolg mit deinem Vertrag hast, solltest du folgende Regeln einhalten:

Gebrauchsanweisung bzw. Bedienungsanleitung für den Vertrag

1. Ein Vertrag, den du mit dir selbst abschließt, ist *nur für dich gedacht und geht niemanden sonst auch nur das geringste an!* Ich weiß, daß *du dich* motivieren willst, da müssen nicht andere ihre Forderungen mit anmelden und vielleicht noch ständig nachfragen, ob jetzt wirklich alles schon viel besser klappt!

2. Du *schreibst* deinen, von dir selbst gefaßten Vorsatz *auf!* (Laß dir nichts vorsagen, du bist selbst groß genug! Die schriftliche Form erhöht die Wirksamkeit, und du fühlst dich mehr daran gebunden, als wenn du dir »nur« in Gedanken etwas vornimmst.)

3. Deinen Vertrag bringst du an einer Stelle unter, wo ihn außer dir niemand findet, wo du selbst aber häufig vorbei- oder darankommst. Du sollst ihn nämlich *mehrmals täglich lesen* (müssen). Als »Versteck« eignet sich zum Beispiel ein Fach in

deinem Federmäppchen genauso, wie ein Heftumschlag oder der Geldbeutel. So vergißt du deinen Vorsatz nicht so leicht und es fällt dir relativ schwer, dich nicht an die Vereinbarung zu halten.

4. Du unterschreibst deinen Vertrag mit deinem vollen Namen. (Damit erreichst du, daß du dich recht stark an den Inhalt gebunden fühlst – schließlich stehst du mit deinem Namen dafür gerade!)

5. …und letztens: du berücksichtigst bei der Formulierung folgende Punkte:

- Alle Vorsätze werden in »*Ich-Form*« geschrieben (also nichts Unpersönliches, dem du leicht ausweichen könntest).
- Du legst dich absolut fest mit Formulierungen wie »*Ich werde…*« (das läßt dir keine Hintertürchen offen, wie »ich möchte« [ja eigentlich, aber ich schaff's halt nicht] oder »ich sollte« [zwar, aber alles kann man ja nicht], sondern trainiert deine Willenskraft).
- Jeder Vorsatz wird zuerst daraufhin überprüft, ob er auch *wirklich erfüllbar* ist und wieviel Zeit du dafür ansetzen mußt. (Du mußt dich selbst richtig einschätzen und festlegen, in welcher Zeit du dein Ziel erreichen willst.)
- Fasse anfangs lieber *nur einen kleinen* Vorsatz! (Du setzt dich nicht so sehr unter Druck, dem du leicht nachgeben könntest und siehst wirklich rasch Erfolge, die dich motivieren. Es spricht nichts dagegen, später größere Ziele zu setzen und auch damit Erfolg zu haben!)

Stufe 10 **Vertragt Euch!**

Gerne gebe ich zu, daß das alles höllisch kompliziert klingt und aussieht, aber wenn du nun bitte deinen ersten Vorschlag nochmals zur Hand nimmst und ihn Punkt für Punkt mit meinen Vorgaben vergleichst, wirst du feststellen, daß du nur ganz wenige Dinge (die aber entscheidend für den Erfolg sein können) abändern mußt.

Arbeitsphase!

Und? Habe ich recht gehabt? Na, dann hast du wirklich genug gearbeitet für heute. Wir wollen schließlich nicht übertreiben; natürlich gibt es wieder jede Menge Pluspunkte für diese enorm wichtige Stufe!

+++ für Arbeit, ersten Vertrag, Abgleich mit den »Bedingungen«. Und natürlich ein schönes + für die folgende Seite, auf die du ja vielleicht auch noch ein klein wenig Lust hast. Also mach dich doch ruhig noch über die Übungsseite her.

Die Übungsseite

»Das sieht ja fast leicht aus! Toll, das mache ich gerne!«
Das wirst du dir hoffentlich denken, wenn du meine heutige Bitte liest. Entwirf doch bitte eine kopierfähige Vorlage für **deinen** Lernvertrag!

Vielleicht fallen dir da ganz tolle Möglichkeiten ein. Ich bin der Ansicht, daß ein eigenes Formular noch mehr Verbindlichkeit hat und dir sicher auch besser gefallen wird als mein Vordruck.

Wenn du ein kreativer Mensch bist (was ich glaube), kommst du sicher auf ganz tolle alternative Ideen zu diesem Thema, wie zum Beispiel:

- Ich schreibe meinen Vorsatz auf ein Schildchen, das ich wie ein Plakat in meinen Blumentopf stecke.
- Ich stecke die Vertragsrolle meinem Kuscheltier in die Arme.
- Ich verstecke meinen Vertrag hinter dem Spiegel und lasse nur eine kleine Ecke hervorschauen.
- …

Irre, was? – Aber gut, weil außerordentlich oder im wahrsten Sinne des Wortes merkwürdig. Da muß man dann einfach immer daran denken!

Also viel Vergnügen und gute Ideen!

Bis die Tage dann (wenn du wieder Zeit hast)!

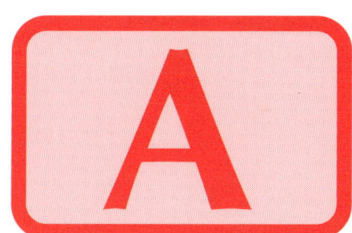

95

Stufe 11 Alle mal herhören!

Kannst du dich noch erinnern, daß ich gerne radfahre? (Nein, ich bin kein Radfahrer in der Schule – das würde mir gerade noch fehlen!) Manchmal ist es unglaublich schön, einfach alleine vor mich hin zu fahren, dabei vielleicht ein klein wenig zu träumen von den Dingen, die ich erreichen will und mich zu entspannen (das kann ich natürlich nur, wenn ich auf Rad- oder Feldwegen fahre, ich bin ja nicht lebensmüde!). Meistens aber gefällt es mir viel besser, wenn ich mit meinen Freunden gemeinsam auf Tour gehe. Wir unterhalten uns dann, planen auch den einen oder anderen Blödsinn, machen zusammen Pausen – es ist einfach ein riesiger Spaß, etwas miteinander zu unternehmen. Allerdings muß ich zugeben, daß ich das nicht mit all meinen Freunden kann.

»Und? Warum erzählst du mir das jetzt?« höre ich dich schon ärgerlich sagen. Ein sehr lobenswerter Einwand! Es hat ja schließlich auch den Anschein, als würde das alles irgendwie nicht so recht hierher gehören. Ha, denkste! Ich brauche genau diese Vorgeschichte, um dir zwei weitere Tips mit auf den Weg geben zu können, die mir in so mancher lustlosen Situation geholfen haben.

In der Freizeit – so eine weitläufig übliche Meinung – hat die Schule keinen Platz! Ist das aber wirklich richtig? Ich finde, wir sollten versuchen, diese Aussage einmal von einer ganz anderen Seite zu sehen. Hoffentlich legst du jetzt nicht gleich das Buch beiseite, weil du fürchtest, ich würde dir weismachen wollen, daß es außer Schule nichts anderes mehr geben sollte. *Da solltest du mich aber inzwischen besser kennen!* Genau das Gegenteil ist nämlich der Fall: Ich behaupte, daß du während deiner Freizeit eigentlich nur in den wenigsten Fällen die Schule im Kopf haben solltest, denn gut geplante und bewußt erlebte Freizeit ist eine Zeit, in der du gehörig viel Energie für die Arbeit tanken kannst. Was ich aber meine, ist, daß die Freizeit auch in der Schule ihren Platz hat.

Das verstehst du nicht so ganz? In der Schule unter der Bank lesen oder während des Englischunterrichtes Fußball spielen? Nein, so ist das nicht gedacht. Du betreibst ganz sicher irgendein Hobby, sei es das Tennisspielen, das Basteln mit Holz oder Physikbaukästen oder »nur« das Musikhören. Hast du noch nie darüber nachgedacht, daß sich dein Hobby mit Inhalten von Schulfächern verbinden läßt? In der Lernmethodik nennt man das übrigens Interessenverknüpfung. Machen wir mal ein paar Versuche:

Hobby	Unterrichtsfach
Fußball spielen	Außer im Sport, wo du dann sowieso Spitze bist, kannst du deine Kenntnisse auch in Geographie, Sozialkunde, Englisch und in Biologie einbringen.
Briefmarken sammeln	Das Hobby mit den wohl meisten Einsatzmöglichkeiten: Geographie, Physik, Deutsch, Englisch, Biologie, Geschichte, Mathematik…
Musik hören	Sehr wertvoll in Musik, Englisch, Deutsch…
Lesen	Na klar: Deutsch, aber auch in allen anderen Sprachen, Geschichte, Geographie, Biologie…
Reiten	Biologie, Deutsch…

Stufe 11 Alle mal herhören!

Wenn du also dein außerschulisches Interesse mit dem ungeliebten Schulfach verbindest, dann kannst du wahrscheinlich auch
während des Unterrichtes manchmal etwas entdecken, was dir
Freude macht. Du mußt (nur) bereit sein, tatsächlich nach Ge-
meinsamkeiten zu suchen, was allein schon das Interesse am Fach
erhöht.

Eine solche Interessenverknüpfung bringt ganz sicher nicht von
heute auf morgen den großen Kick und eine bessere Note – die
kommt, wie wir inzwischen wissen, ja durch den Spaß und den Erfolg von selbst – sie macht dir aber das verhaßte Fach zumindest
nicht mehr ganz so unangenehm. Auf diese Weise verhilft sie dir
langsam wieder zu neuer Lernenergie und logischerweise auch zu
neuer Aufmerksamkeit im Unterricht. Der schönste Nebeneffekt ist
der, daß dir klar wird, wofür der Unterricht gut sein soll.

Damit wir uns nicht falsch verstehen: Ich behaupte nicht, daß eine
Interessenverknüpfung deine Motivation in allen Fächern von Null
auf Hundert treibt! Aber sie ist ein wertvoller Baustein auf unserer
Treppe und zumindest in manchen Fällen eine schöne Hilfestellung beim Abbau des Gefühls, daß Schule sowieso nutzlos sei.

Könntest du jetzt bitte mal zur Abwechslung wieder selbst einen
Tip dazu formulieren?

Tip 20

. . . .

. . . .

. . . .

Das würde mich nun wirklich brennend interessieren, was du da geschrieben hast. (Oder hast du gemogelt und dir nur einen Tip *gedacht*? tztztz!) Ich hätte wohl etwa folgendes notiert: »*Ich bringe mein Wissen aus der Freizeit in den Unterricht ein, das steigert mein Interesse an dem Fach.*« Du hast das aber sicher noch viel besser zu Papier gebracht. Na gut, das war's ja schon, da kannst du dich ja an die Übungsseite – wie bitte, da fehlt noch was? Laß mich nachdenken. Tja, man wird älter und der Kalk rieselt so ganz leise vor sich hin. Natürlich, ich hatte doch von zwei Tips gesprochen! Danke für den dezenten Hinweis.

»Viele Köche verderben den Brei«, so sagt ein altes Sprichwort, aber bei dem Vorschlag, den ich dir jetzt machen werde, trifft es ausnahmsweise einmal nicht zu. Wer sich wie du neu oder besser motivieren will, dem können dabei Freunde unglaublich nützlich sein. Ich hoffe, daß du einige Freunde und Freundinnen hast, mit denen du manchmal zusammenarbeitest. Wenn nicht, schau dich doch einmal in deiner Klasse um, ob du nicht jemanden findest, der Interesse an einer Zusammenarbeit hat.

Stufe 11 Alle mal herhören!

● Erstens erhöhen Zuhörer die Motivation schon von ganz alleine, denn schließlich will man sich ja nicht blamieren, sondern vielmehr glänzen.

● Zweitens ist es äußerst hilfreich für einen Lernerfolg, wenn man jemandem etwas erklären muß. Das kann man nämlich nur, wenn man es auch selbst verstanden hat. Beim Erklären bekommt man vom Zuhörer automatisch die Rolle des Fachmanns bzw. der Fachfrau zugewiesen.

(Denke nur einmal daran, wie es ist, wenn du jemandem den Weg erklärst; selbst wenn du es nicht ganz genau weißt, versucht der Wegsuchende alles aus dir herauszuquetschen, nur weil du ein klein wenig besser dran bist als er.) Genauso funktioniert das in einer Kleingruppe: Ihr treibt euch gegenseitig zu besseren Leistungen an, ohne dabei schulmeisterlich zu sein. Daß sich das auch auf deine Sicherheit in der Schule auswirkt, wenn du zum Beispiel ausgefragt wirst, dürfte ja wohl verständlich sein.

Es gibt ja leider viele Menschen (meistens bezeichnet man sie als Eltern), die glauben, daß dann, wenn zwei Schüler oder Schülerinnen zusammen Hausaufgaben machen, nichts herauskommt. Es liegt allein an dir, diese Meinung, die manchmal nicht ganz unberechtigt ist, zu widerlegen. Ich finde jedenfalls, daß allein schon die Freude auf ein gemeinsames Arbeiten die Motivation ganz erheblich steigert. Ich weiß schon im voraus, daß ich zusammen mit meinem Kumpel die Hausaufgaben viel schneller fertigbringe und daß wir dann im Anschluß noch viel Spaß zusammen haben. Diese Freude auf die Zusammenarbeit überträgt sich nämlich auf die Einstellung zu den Hausaufgaben, und so machen die plötzlich auch mehr Spaß.

Du weißt ja: Was mir Spaß macht, gelingt – durch das Gelingen habe ich Erfolgserlebnisse – der Erfolg beflügelt mich – ... Außer, daß ihr gemeinsam etwas erreichen wollt, ergibt sich noch ein weiterer Effekt: Vielleicht ohne es zu wissen, tretet ihr beide nämlich in

eine Art Konkurrenz»kampf«, und der treibt euch beide zu gesteigerten Leistungen. Er ist, wenn er nicht zu Neid führt, ebenfalls eine gute Triebfeder, die ihr ruhig ausnützen solltet. Mein Tip also zu diesem Bereich heißt kurz und bündig:

Tip 21

Ich suche mir einen Partner, mit dem ich zusammenarbeite.

Zur Belohnung (ha, ein gutes Stichwort für die nächste Stufe!) für dein wieder einmal fleißiges Lesen und auch dafür, daß du mir auf dieser Stufe so geduldig zugehört (zugelesen klingt so komisch) hast, gibt es natürlich wieder Points zu kleben oder zu kreuzeln.

Bei der Übungsseite wünsche ich dir selbstverständlich heute wieder viel Spaß!

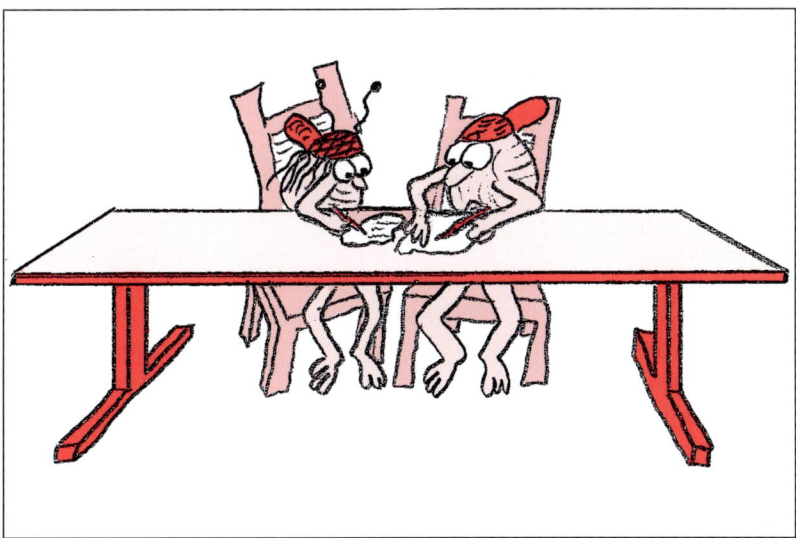

Die Übungsseite

In dem folgenden Text werden 19 Tiere genannt, allerdings sind sie sehr gut versteckt. Versuche nun, innerhalb von drei Minuten möglichst viele der Tiere zu entdecken! Die ersten drei Tiere sind als Beispiel fett gedruckt.

K**LAUS** WAR SICHER KEIN STR**EBER**, WENN ER VOM ERSTEN SCHULTA**G AN S**EINE HAUSAUFGABEN ERLEDIGTE. DA ES IHM AUCH EMPFOHLEN WURDE, D. H. ER KAM SELBST DARAUF, ÜBERPRÜFTE ER NUN, OB SEIN TISCH UND STUHL IN RICHTIGER LAGE ZUM LICHT STANDEN. ER KONTROLLIERTE AUCH DEN EINFALLSWINKEL DES ELEKTRISCHEN LICHTES. DANN BASTELTE ER EIN BÜCHERBORD AUS ZIEGELSTEINEN, NAHM AUS DER SCHUBLADE EINIGE BILDER, UM DIE WÄNDE ZU SCHMÜCKEN. VORSORGLICH HATTE ER EIN POPPLAKAT ERGATTERT.
DANN WOLLTE ER SICH AUFRAFFEN UND EIN EXPERIMENT MACHEN: EINEN AUFSATZ ÜBER EINEN ZOO ZU SCHREIBEN, OHNE DIE RAREN TIERE ZU ERWÄHNEN. ER KAM ELFMAL INS STOCKEN, ABER DANN HATTE ER ES GESCHAFFT!

Der Text an sich scheint auf den ersten Blick ziemlich sinnlos, wenn du aber den ersten Teil genauer unter die Lupe nimmst, kannst du daraus wirklich jede Menge recht sinnvoller Tips für deinen Arbeitsplatz entnehmen!

Viel Spaß – und nicht zu zeitig nachblättern!

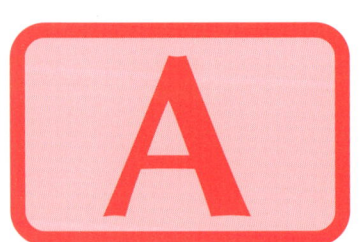

Stufe 12 **Ein Zuckerle fürs Pferdle!**

So, nun hast du es bald geschafft! Ich hoffe, du hast bisher schon viel Nutzen aus meinen Ratschlägen ziehen können, und damit du siehst, wie gut ich es mit dir meine (kommt dir dieser Spruch auch so bekannt vor? Na ja, alle wollen nur dein Bestes – Gib es ihnen nicht!), will ich heute mit dir noch eine Stufe erklimmen, an der du ganz sicher viel Freude haben wirst. Schon aus der Überschrift kannst du vielleicht erkennen, worum es sich dabei handelt. Und? Hast du es erraten? – Richtig! Es geht um Belohnungen!

Wenn ein Pferd recht brav war und gute Leistungen gebracht hat, dann erhält es von seinem Reiter oder seiner Reiterin umgehend eine Belohnung. Meistens sind es sogenannte »Leckerle« (also kein Zucker!), die in diesem Fall verabreicht werden. Wie steht es denn da mit uns? Jeder arbeitende Mensch bekommt für gute Leistung doch auch gutes Geld, nur wir Schüler stehen da irgendwie im Regen. Ich kenne natürlich die Sprüche der Erwachsenen: »Eine gute Note ist deine Belohnung« oder »Erst die Lehrjahre und dann die Herrenjahre«, aber damit kann ich mich nicht zufrieden geben. Ich bin der Ansicht, wir sollten genauso unseren Lohn bekommen. Wie oft hören wir im Radio, daß gestreikt wird, weil die Bezahlung nicht ausreichend ist; wenn wir das aber machen, dann bekommen wir eins auf die Mütze! Ach die Welt ist ja soo ungerecht! Komm, wir gehen gemeinsam eine Runde klagen!

Das könnten wir selbstverständlich tun, nur bringen wird es uns überhaupt nichts. Also lassen wir uns eben etwas anderes einfallen. Wenn du dir die vielen Stufen, die du inzwischen schon mit mir gegangen bist, noch einmal anschaust, sollte dir auffallen, daß ich be-

Ein Zuckerle fürs Pferdle!

reits versucht habe, ein Belohnungssystem aufzubauen. Ein Problem unserer Zeit ist es leider, daß wir unter Belohnung meist nur materielle Dinge (also Geld und Geschenke) verstehen. Das allein kann es aber nicht sein, und wir übersehen dabei oft eine ganz hervorragend funktionierende Möglichkeit, unsere Motivation am Laufen zu halten: Ich habe dir auf Seite 15 eine Tabelle aufgezeichnet, in die du im Laufe der Arbeit mit dem Buch immer wieder einmal Punkte (Kreuzchen) eintragen konntest. Dieses Modell ist zwar recht einfach, aber es funktioniert. An Hand der Liste kannst du deinen Lernerfolg feststellen und freust dich vielleicht über deine Leistung; das wäre ja schon die halbe Miete.

Belohnung für getane Arbeit, das ist das Zauberwort, mit dem du deine Motivation ganz erheblich steigern kannst. Ich will dir an einem Beispiel zeigen, daß du selbst wahrscheinlich schon öfter mit diesem System gearbeitet hast, es aber nicht unbedingt als Motivationshilfe oder Belohnung erkannt hast. Wenn eine größere Arbeit vor dir liegt und die Teilziele festgelegt sind, kommt es da nicht vor, daß du dir sagst: »Wenn ich diesen Teil geschafft habe, dann werde ich erst einmal… « (ich weiß natürlich nicht, welche Belohnungen du dir selber setzt). Genau dieser Anreiz auf eine Belohnung aber, die ja wohl Angenehmes verspricht, läßt dich mit Schwung an die Arbeit gehen und sie dich zügig zu Ende führen. Natürlich ist das ein klein wenig auch Betrug, den du da mit dir selbst treibst, denn du steigerst ja nicht das Interesse an der Arbeit, aber es ist absolut legitim!

Eine Gefahr bei dieser Sache ist damit aber auch gleich angesprochen. Es könnte nämlich passieren, daß du nur noch an die Belohnung denken kannst, und dann würde daraus eine Ablenkung, die dich von guter Arbeit ganz sicher abhält. Vorsicht ist also geboten!

Ein Zuckerle fürs Pferdle!

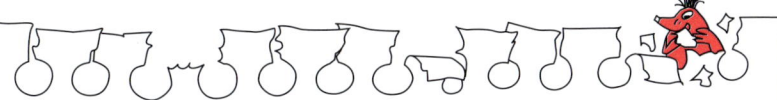

Ich möchte dir noch mit zwei weiteren Beispielen verdeutlichen, wie sich das System »Belohnung« positiv oder negativ auswirken kann:

Stefan geht unentschlossen in seiner Wohnung herum. Er weiß ganz genau, daß er in vier Tagen eine Matheschulaufgabe schreiben wird, und daß es dringend notwendig ist, dafür noch einiges zu lernen oder zumindest zu wiederholen. Andererseits kommt im Fernsehen in ein paar Minuten die Übertragung eines Länderspieles, die er gerne sehen will. Nach kurzem inneren Kampf sitzt er vor dem Fernseher.

Dumm gelaufen, oder? Das hätte er auch besser lösen können! Ganz anders ist das bei Stefanie:

Sie weiß, daß sie noch viel für die Schulaufgabe in Englisch lernen muß, möchte aber unbedingt mit ihren Freundinnen ins Schwimmbad gehen. Nach kurzer Überlegung entscheidet sie sich so, daß sie von ihren geplanten sieben Teilzielen vier sofort erledigt. Im Anschluß daran geht sie zur Belohnung zum Schwimmen und läßt die restlichen drei Lernschritte danach folgen.

Sie hat ihr Problem weitaus besser gelöst als Stefan, findest du nicht auch? Aus einer Ablenkung (ins Schwimmbad gehen zu wollen) hat Stefanie eine Belohnung gemacht und hat so alle ihre Teilziele erreicht.

Im Grunde genommen dreht sich natürlich auch hier wieder alles um die Organisation der anstehenden Aufgaben und um das Setzen von Zielen; eine Sache, die wir ja ausgiebig durchgequatscht haben.

Es fällt mir recht leicht, dir für diese Stufe einen Tip zu formulieren, er wird dir vielleicht sogar auf der Zunge zergehen – also genieße ihn!

Tip 22

Ich setze mir kleine Belohnungen aus; damit erreiche ich, daß ich meine Aufgaben mit mehr Schwung angehe.

Kannst du dir vorstellen, was ich mit der Aussage »auf der Zunge zergehen« meinen könnte? Richtig geraten, da muß es sich um etwas zu essen handeln. Ich betrachte es natürlich eher sinnbildlich, aber so ganz abwegig ist es nicht, etwas Feines zu essen als Beloh-

nung auszusetzen. (Wenn du dich richtig zurückerinnerst, dann wird dir einfallen, daß ich schon einmal von einem »Schmatzriegel« gesprochen habe, den du dir gönnen solltest.) Laß uns doch zusammen suchen, welche Art von Belohnungen noch für uns in Frage kommen könnten:

Mir fallen da spontan Dinge ein wie Kino- oder Schwimmbadbesuch, Pause mit Freunden, (Einkaufs-) Bummel im Musicshop, Anschauen einer Sendung im Fernsehen, aber auch Sachen wie ein Apfel, ein Schokoladenriegel oder ein Erfrischungsgetränk.

Dir fallen natürlich noch viele andere Dinge ein, die für dich als Belohnung gelten könnten – aber Vorsicht!

> **Achte stets darauf, daß aus einer geplanten Belohnung nicht eine ganz gezielte Ablenkung wird (sonst ist der positive Effekt im Eimer)!**

Langsam aber sicher nähern wir uns dem Ende unserer Treppenbesteigung. Ich darf nicht vergessen, dir noch einen ganz wichtigen Hinweis zu geben, der weniger mit der Motivation an sich als vielmehr mit deiner Gesundheit und so auch mit deiner Leistungsfähigkeit zu tun hat: Achte stets darauf, daß in unmittelbarer Nähe deines Schreibplatzes eine Flasche mit Mineralwasser steht! Was heißt hier »brrrr«? Wissenschaftliche Untersuchungen haben nachgewiesen, daß die Zufuhr von Flüssigkeit (WASSER!) dem Gehirn nahezu Flügel verleiht, quasi den Turbo einschaltet!

Sage bloß nicht, daß du dann halt ein coffeinhaltiges Erfrischungsgetränk zu dir nimmst, weil das besser schmeckt. (Pferde kriegen keinen Zuckér, ausgerechnet du aber willst ihn unbedingt?) Es mag sein, daß du dich zuerst daran gewöhnen mußt, aber unterschätzen darfst du die Wirkung von Wasser keinesfalls!

Stufe 12 **Ein Zuckerle fürs Pferdle!**

Probier es doch einfach aus: Wenn du am Nachmittag mal etwas abgespannt bist und dir die Arbeit logischerweise nicht mehr allzuviel Freude bereitet, trinke ein Glas Wasser (nicht eiskalt!). Du wirst dich wundern, wieviel Energie da plötzlich freigesetzt wird!

Ich hätte da noch einen Vorschlag: Sprich doch mal mit deinem Klassenlehrer über die Möglichkeit, im Klassenzimmer Wasser vorrätig zu halten! Ich kenne inzwischen eine Vielzahl von Lehrkräften, die dies in die Tat umgesetzt haben. Vielleicht ist das auch einmal ein Thema für eine Biologiestunde, die dich dann wirklich interessiert (siehe Stufe »Alle mal herhören!«).

Bestimmt haben deine Lehrkräfte schon von dieser Sache gehört, aber niemand hat ihnen bisher den notwendigen Anstoß für eine Verwirklichung gegeben?

Am besten gehst du jetzt gleich in die Küche (Speise, Keller), holst dir ein Fläschchen köstlichen Kriminal – sorry – Mineralwassers und ein Glas und stellst dir beides griffbereit auf den Schreibtisch.

> **Husch, husch!**

Glaubst du ernsthaft, wir hätten es für heute schon geschafft? Nönö! Da fehlen doch noch zwei ganz wichtige Sächelchen! Die Pluspunkte und natürlich die Übungsseite.

Fangen wir mit den Pluspunkten an: Überlege doch bitte zunächst selbst, wofür du dich belohnen solltest! Ich bin der Ansicht, du solltest ordentlich zulangen, wenn die Stufe schon von Belohnungen handelt. Also gibt es ein Plus für die geleistete Arbeit, eines für die Suche nach Belohnungsmöglichkeiten, ein Plus für die Bereitschaft, Wasser zu trinken, und ein ganz besonders großes, wenn du den Vorschlag in der Schule eingebracht hast! – Tja, und dann fehlt wirklich nur noch die Übungsseite; na, du wirst dich wundern!

Die Übungsseite

Du bekommst heute einen Auftrag, der mich ein wenig an die Stufe »Freizeit« erinnert. In vielen Geschäften gibt es kostenlos Aufkleber, die häufig sinnlos zu Hause »rumfliegen«. Wenn du (ausnahmsweise) noch keine hast, dann besorge dir doch bitte demnächst einige! Wofür denn das?

Ganz einfach: Du gestaltest dir ein Plakat (für die Türe oder sonstwohin), wie ich es dir auf der nächsten Seite zeige. Natürlich mußt du es mit deinen eigenen Kriterien füllen (Hinweise dazu findest du in unseren Tips!). Aus den gesammelten Aufklebern schneidest du dir farbige Punkte in einer Form aus, die dir gefällt und klebst sie dann jeweils zur Belohnung nach einem erfüllten Vorsatz ein.

Mit einem Folienstift lassen sich die Punkte übrigens ganz toll nach eigenen Vorstellungen gestalten! Und nicht vergessen: Eigenlob stinkt nur, wenn man es aus Angabe tut; wer es als Motivationshilfe verwendet, ist Spitze!

Kreatives Schaffen wünsche ich!

Kriterium . . . . Datum . . . .

	1	2	3	4	5	6	7	8	9
habe in … eine Frage gestellt									
habe Wasser getrunken									
habe Lob eingeheimst									
habe Teilziel erreicht									
habe Tag gut geplant									
habe Freizeit mit Schule verknüpft									
ich habe…									
ich habe…									
ich habe…									

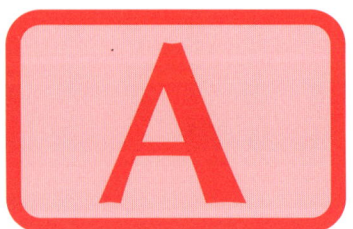

(Natürlich machst du das gleiche für
die restlichen Tage des Monats.)

A

Stufe 13 **So, das war's! (Schon fast)**

Bist du jetzt ein Überflieger?

In Sachen Motivation bist du es sicher noch nicht, aber ich hoffe doch, daß du aus der Lektüre des Buches eine Menge vieler guter Tips hast entnehmen können. Nun kommt es »nur« noch darauf an, daß du sie in die Tat umsetzt! Um dir das ein klein wenig zu erleichtern, habe ich mir gedacht, es wäre bestimmt nicht übel, wenn ich dir zum Schluß noch einen Tip mitgebe, von dem man sagen kann, daß er all das, was du bisher gehört hast, wunderbar zusammenfaßt:

Tip 23

Ich verschaffe mir eine positive Einstellung!

Stufe 13 **So, das war's! (Schon fast)**

Das sind ja große Worte! Und wie, bitte schön, soll das gehen?

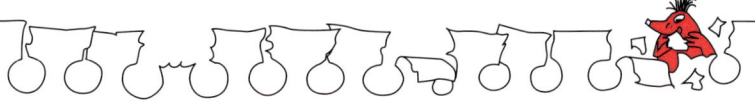

Ganz einfach! Du hältst dich an das, was du bisher gelesen hast:

- Du schaffst dir schon morgens machbare (Teil-) Ziele!
- Du hältst am Abend bewußt Rückschau auf diese (inzwischen erledigten) Ziele!
- Du denkst ganz konkret an Dinge, die Freude bereiten!
- Du erinnerst dich abends an das, was dir Freude gemacht hat!
- Du belohnst dich nach getaner Arbeit und ordnest dabei im Geiste die Belohnung ganz genau einem Arbeitsabschnitt zu (das heißt, du weißt auch genau, wofür du dich belohnst!)

Übrigens – da gibt es doch glatt gleich einen Pluspunkt für die Einsicht, daß das genau *die richtige Einstellung für dich* ist!

Ich hoffe, diese Seite klingt nicht recht banal (einfach) in deinen Ohren, denn es gehört eine ganz gehörige Portion Mut dazu, seine Einstellung zu ändern und zum Beispiel der Schule gegenüber positiv eingestellt sein zu wollen (vor allem dann, wenn man die Penne bisher eher bescheiden gefunden hat)!

Damit unser Lehrgang zur Motivationssteigerung einen glatten Abschluß bekommt, und damit du jetzt wirklich das Gefühl haben kannst, die wichtigsten Stufen erklommen zu haben und auch oben angekommen zu sein, habe ich ein abschließendes »Foto« von mir eingeklebt. Ich hoffe, es spricht für sich selbst und ich halte deshalb dazu meinen (manchmal etwas vorlauten) Mund.

Auch wenn du es nicht für möglich hältst, aber auch am Ende dieser letzten Stufe habe ich noch eine Übungsseite für dich zusammengestellt!

Die Übungsseite

Heute habe ich noch ein paar Behauptungen (man nennt so etwas auch Thesen) aufgeschrieben, die du dir bitte erst alle ganz genüßlich durchliest.

Im Anschluß daran denkst du so ganz allgemein über die einzelnen Sätze nach (zum Beispiel, ob sie wahr sind), doch dann kommt es: Überprüfe die Thesen in bezug auf deine eigene derzeitige Situation (also inwieweit treffen sie für dich zu?)!

Schreibe dir dazu jeweils mindestens einen Satz auf! Ein Beispiel findest du am Ende der Aufzählung.

1. Die Kräfte, die hinter der Aktivität eines Menschen stehen, bezeichnen wir als Motivation.

2. Die Neugier ist die ursprünglichste Triebfeder für die Motivation, etwas lernen zu wollen.

3. Selbst gesteckte Ziele steigern die Motivation zum Arbeiten.

4. Was andere von mir verlangen, kann sich positiv oder negativ auf meine Motivation auswirken.

5. Gute Zusammenarbeit fördert die Motivation.

6. Der Arbeitsplatz ist vollkommen unwichtig; wer arbeiten will, kann das überall.

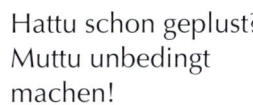

7. Erfolgserlebnisse steigern die Freude an der Arbeit und die Motivation.

8. Menschen können immer an allen Dingen Freude finden.

9. Hobbies können auch die Motivation für die Schule fördern.

10. Schule macht mit der entsprechenden Motivation sogar Spaß.

Hier als Beispiel ein Satz, der mir zu Nummer 1 einfällt: *Da steckt anscheinend allerhand Kraft in mir – da muß ich höllisch aufpassen!*

Hattu schon geplust?
Muttu unbedingt machen!

Arbeit	+
Nachdenken	+
Aufschreiben	+
Ehrlichkeit	+

Das ist ja 'ne ganze Latte, aber du hast sie dir wirklich ehrlich verdient!

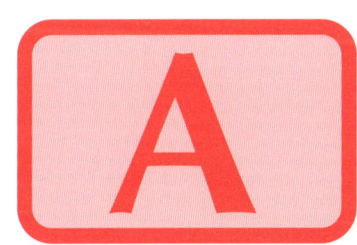

A

Keine Stufe mehr ...
und trotzdem noch nicht Schluß ?

Jetzt haben wir es also wirklich geschafft; unsere gemeinsame Reise hat ein Ende. Ich möchte dir nur noch sagen: Mir hat es viel Spaß gemacht und ich habe auch selbst wieder einiges dazugelernt!

Natürlich würde ich nun noch gerne von dir etwas mehr erfahren:

- Welche Tips hast du am besten brauchen können?
- Wie geht es dir inzwischen mit deiner Einstellung zur Schule (oder zu deinem Problemfach)?
- Wie sehen die Ergebnisse der Übungsseiten aus? (Daran wäre ich besonders interessiert)
- Hast du Verbesserungsvorschläge, Kritik oder einen weiteren Wahnsinnstip?
- Wie haben dir die Bildchen gefallen, die ein hochmotivierter Schüler der zehnten Klasse gemalt hat (wofür ich ihm ganz arg dankbar bin, weil ich in dieser Beziehung eine echte Pflaume bin!)?

Wenn du also Lust hast, dann schreibe mir doch ein paar Zeilen; ich würde mich wahnsinnig darüber freuen! Hier also (vorsichtshalber) meine Anschrift:

Alfred Thieme (Motzi)
c/o Studienhaus St. Blasien
Hans-Thoma-Weg 4

79837 St. Blasien

Nun bleibt mir nur noch, dir für deine Zukunft viel Spaß und dadurch viel Erfolg zu wünschen. Mach's gut, und wenn du wieder mal 'nen Tip brauchst, schau ruhig bei mir rein!

Dein Motzi

...übrigens: Erfolg ist Definitionssache!

Edison baute zur Erfindung der Glühbirne über 10 000 Versuchsanordnungen auf. Er sagte dazu: »Ich hatte keinen einzigen Mißerfolg, ich habe immer nur entdeckt, daß es so nicht geht!« Was folgern wir daraus?

Es gibt keinen Mißerfolg, es gibt nur Resultate!

Lösungen

Stufe 3, Seite 25:
»Ich richte mir meinen Arbeitsplatz so her, daß ich gerne daran arbeite.«

Stufe 4, Seite 34:
Kaufmann – Brummbär – Zähneputzen – Achtung – gemischtes Eis – zweifelsfrei – Mann im Mond

Stufe 5, Seite 40:
Also gut – doch eine Lösung (zumindest teilweise) Waldi ist 5 Jahre alt – Cäsar gehört Christoph – Rex wohnt im gelben Häuschen.

Stufe 6, Seite 48:
Zum Beispiel so: »Ich mag die Arbeit nicht besonders ➔ ich suche einen Grund, nicht anfangen zu müssen ➔ die Verschiebung verursacht ein schlechtes Gewissen ➔ das schlechte Gewissen hindert mich, eine gute Arbeitseinstellung aufzubauen ➔ ich bin nicht besonders erfolgreich ➔ ich fürchte die Arbeit ➔ ich finde einen neuen Grund für einen Aufschub ➔ dadurch habe ich wieder… (Die Reihenfolge ist fast gleichgültig, denn sie ergibt immer einen Teufelskreis!)

Stufe 7, Seite 64:
Eine Dampflokomotive, die von rechts hinten nach links vorne fährt.
Indianer (ein großer Kopf); Ein Eskimo (er steht mit dem Rücken zu dir und schaut aufs Meer hinaus.

Stufe 8, Seite 75:
Ultimativ: In Form eines Ultimatums, nachdrücklich;
Ultimatum: Aufforderung, binnen einer Frist etwas zu erledigen; Ultima – Ultima ratio – Ultimen – ultimo – Ultimo.

Stufe 9, Seite 83:
Wer den Hafen nicht kennt, für den ist kein Wind günstig!

Stufe 10, Seite 89:
Hier die Wörter in richtiger Reihenfolge:
LAUS – EBER – GANS – SAU – FOHLEN – AMSEL – ARA (ein Papagei) – HUND – TIGER – ESEL – ZIEGE – EGEL (gemein, weil zwei in einem!) – MAUS – MÜCKE – KATER (auch gemein, weil über das Zeilenende gehend!) – AFFE – RENTIER – KAMEL – SCHAF

118

Lernvertrag

. . . .

. . . .

. . . .

. . . .

. . . .

. . . .

. . . .

. . . .

. . . .

. . . .

Ort , Datum

. . . .

Unterschrift

Literaturverzeichnis

Ende, Michael: Momo. Thienemanns Verlag, Stuttgart 1986

Endres, Wolfgang/Althoff, Dirk: Das Anti-Pauk-Buch. Lerntips und -tricks für Schüler und Schülerinnen (11–16 Jahre).
Beltz Lern-Trainer, Weinheim und Basel, 5. Auflage 1994

Endres, W. / Bernard, E.: So ist Lernen klasse. Kösel Verlag, München 1989

Endres, W. u. a.: So macht Lernen Spaß. Praktische Lerntips für Schüler und Schülerinnen (11–16 Jahre).
Beltz Lern-Trainer, Weinheim und Basel, 13. Auflage 1995

Hocke, D./Stöckel H.: Erziehen und Lehren als Verhaltensbeeinflussung.
Ludwig Auer Verlag, Donauwörth 1976

Joerger, Konrad: Einführung in die Lernpsychologie.
Herder Verlag, Freiburg i. B. 1976

Mager, Robert F.: Motivation und Lernerfolg.
Beltz Verlag, Weinheim 1972

Miller, Reinhold: Lehrer lernen: ein pädagogisches Arbeitsbuch für Lehreranwärter, Referendare, Lehrer und Lehrergruppen. Beltz Verlag, Weinheim und Basel, 4. Auflage 1991

Schmitt-Hartmann, Reinhard: Methodik. Neuer Spaß am Lernen für Schüler und Schülerinnen (6.–9. Klasse).
Beltz Lern-Trainer, Weinheim und Basel 1995

Schröder, Hartwig: Grundwortschatz Erziehungswissenschaft, Ein Wörterbuch der Fachbegriffe.
Ehrenwirth Verlag, München 1985

Thieme, Alfred: Konzentration. Trainingsprogramm (6.–9. Klasse).
Beltz Lern-Trainer, Weinheim und Basel 1994

Weinert, F. E./Graumann, C. F./Heckhausen, H./Hofer, M. u. a.: Funk-Kolleg Pädagogische Psychologie 1.
Fischer Taschenbuch Verlag GmbH, Frankfurt am Main, 1974

Bitte fordern Sie kostenlos und unverbindlich Ihr Infomaterial mit nebenstehender Bestellkarte an.

Sollten die Antwortkarten bereits herausgetrennt worden sein, können Sie selbstverständlich auch schriftlich oder telefonisch bestellen bei:

STUDIENHAUS
ST. BLASIEN
Postfach 1105
79829 St. Blasien

Fax 07672/2246
Tel. 07672/2289

Senden Sie mir kostenlos und unverbindlich
(Bitte ankreuzen)

❏ Informationsmaterial über weitere Lern-Trainer

❏ Das Programmheft vom STUDIENHAUS ST. BLASIEN
  mit Lerntechnikseminaren und Ferienkursen für
  Schülerinnen und Schüler

Schulart

    ❏ Grund- und Hauptschule
    ❏ Realschule/Gymnasium

Altersgruppe

    ❏ 6–10 Jahre
    ❏ 11–14 Jahre
    ❏ 15–18 Jahre

Bitte tragen Sie ihren Namen mit Anschrift auf der Rückseite ein.

Senden Sie mir kostenlos und unverbindlich
(Bitte ankreuzen)

❏ Informationsmaterial über weitere Lern-Trainer

❏ Das Programmheft vom STUDIENHAUS ST. BLASIEN
  mit Lerntechnikseminaren und Ferienkursen für
  Schülerinnen und Schüler

Schulart

    ❏ Grund- und Hauptschule
    ❏ Realschule/Gymnasium

Altersgruppe

    ❏ 6–10 Jahre
    ❏ 11–14 Jahre
    ❏ 15–18 Jahre

Bitte tragen Sie ihren Namen mit Anschrift auf der Rückseite ein.

✂ -

Absender:

_____
Name, Vorname

_____
Straße, Nr.

_____
PLZ, Ort

POSTKARTE

An das
Studienhaus St. Blasien
Hans-Thoma-Weg 4

79829 St. Blasien

✂ -

Absender:

_____
Name, Vorname

_____
Straße, Nr.

_____
PLZ, Ort

POSTKARTE

An das
Studienhaus St. Blasien
Hans-Thoma-Weg 4

79829 St. Blasien